# Florece

"El canto de sirena que trata de seducir a nuestro yo suena con fuerza en la cultura de este tiempo. Incluso como cristianas, somos presa fácil de las falsas promesas de enfocarnos en nosotras mismas, así como del amor propio y el narcisismo. Con una dosis estimulante de verdad, sabiduría y conocimiento bíblico, Lydia Brownback nos invita a considerar nuestros caminos con una reflexión fructífera. *Florece* es un libro que toda mujer debería leer. ¡Sumamente recomendable!".

> **Melissa Kruger,** autora de *La envidia de Eva, Crianza con esperanza* y *Creciendo juntas*

"Como alguien que se dedica a utilizar palabras cada día y todos los días, siempre me fascina ver cómo surgen y cómo fluyen. Los últimos años nos han traído innumerables artículos, libros, pódcasts y conferencias basados en la palabra *florecer*. 'Sigue este programa', dicen, o 'haz esta dieta' o 'toma más consciencia' y 'finalmente florecerás en tu vida y tus relaciones. ¡Garantizado!'. En este libro, Lydia Brownback busca y encuentra lo que, estoy convencido, es la verdadera clave para el florecimiento humano. Su solución es infinitamente mejor porque se basa en una fuente infinitamente mejor: la infalible y eterna Palabra de Dios".

> **Tim Challies,** bloguero, *Challies.com*

"Lydia Brownback es una autora confiable, que escribe con absoluta comprensión y discernimiento bíblico. El resultado es un libro verdaderamente útil: un libro que previene acerca de las modas pasajeras contemporáneas y muestra a la lectora repetidas veces la suficiencia de Cristo. Aborda los estados mentales destructivos que suelen impedir que los cristianos caminen en la libertad que les pertenece por la gracia de Dios. Mi mejor elogio para este libro es que voy a recomendar su lectura a las mujeres de mi congregación".

> **Todd Pruitt,** pastor principal, Covenant Presbyterian Church, Harrisonburg, Virginia; copresentador del pódcast *Mortification of Spin*

"¿Qué pasa si el camino hacia el verdadero florecimiento no es lo que suponen nuestros instintos? ¿Y si el canto de sirena de la sociedad y la cultura nos está engañando? ¿Qué pasa si el verdadero florecimiento considera un absurdo la sabiduría de este mundo y propone otra solución a la que prevalece hoy día? ¿Y si enfocarnos en nosotros mismos nos lleva a la pérdida de nuestra vida y dejar de hacerlo nos lleva a encontrarla? Lydia Brownback sabe la respuesta. Hay un verdadero florecimiento, que tal vez no sea como te lo imaginas, sino mucho mejor de lo que puedas soñar. Esta no es una guía superficial para 'florecer' cuando todo te va bien en la vida. Brownback quiere prepararnos para florecer de verdad cuando todo en nuestro ser se derrumba".

> **David Mathis,** editor ejecutivo de desiringGod.org; pastor,
> Cities Church, Minneapolis/St. Paul, Minnesota; autor de
> *Hábitos de gracia*

"En un mundo donde parece que todas las voces susurran 'Piensa en ti misma', este libro es una invitación a algo mejor. Con claridad bíblica, Lydia Brownback expone la mentira generalizada de una vida enfocada en uno mismo y nos señala una vida más abundante. Ya sea que te encuentres atrapada por el espíritu egocéntrico de estos tiempos o estés discipulando a otra persona que lo está, *Florece* abrirá la puerta de la prisión y dejará entrar la cálida luz de Cristo".

> **Megan Hill,** autora de *Contentment* y *Praying Together*;
> editora, The Gospel Coalición (Coalición por el Evangelio)

# Florece

**DEJA QUE LA VERDAD DE CRISTO TE LIBERE DE LA MENTIRA DE UNA VIDA CENTRADA EN TI MISMA**

## LYDIA BROWNBACK

EDITORIAL PORTAVOZ

Título del original: *Flourish: How the Love of Christ Frees Us from Self-Focus,* © 2019 por Lydia Brownback y publicado por Crossway, un ministerio editorial de Good News Publishers, Wheaton, Illinois 60187, U.S.A. Todos los derechos reservados.

Edición en castellano: *Florece* © 2025 por Editorial Portavoz, filial de Kregel Inc., Grand Rapids, Michigan 49505. Traducido con permiso. Todos los derechos reservados. Publicado por acuerdo con Crossway.

Traducción: Rosa Pugliese



EDITORIAL PORTAVOZ
2450 Oak Industrial Drive NE
Grand Rapids, MI 49505 USA
Visítenos en: www.portavoz.com

ISBN 978-0-8254-5056-3 (rústica)
ISBN 978-0-8254-7176-6 (Kindle)
ISBN 978-0-8254-7177-3 (epub)

1 2 3 4 5 edición / año 34 33 32 31 30 29 28 27 26 25

Impreso en los Estados Unidos de América
Printed in the United States of America

Con gratitud a Dios
por
Jessie Joy Bible Yang
1969-2018

Marcaste mi vida para siempre.
Y, aunque sea egoísta,
ojalá no te hubieras ido tan pronto.

# CONTENIDO

# INTRODUCCIÓN

¿Cuáles son las tendencias? Seguir las tendencias (en moda, comida y todo lo demás) es un pasatiempo para algunas mujeres y una ocupación de tiempo completo para otras. Incluso aquellas de nosotras que nos preocupamos poco por mantenernos al día con las tendencias sentimos curiosidad por saber qué está de moda y qué no. ¿Qué tienen de fascinante? Las tendencias son un gran problema porque se valen de nuestra pasión por lo novedoso e innovador. Sin embargo, en realidad, no hay nada nuevo bajo el sol (Ec. 1:9), ya que todas las tendencias son solo una adaptación de algo viejo.

Los íconos culturales no son el único material para los creadores de tendencias. Ocurre con las ideas y las creencias también. Incluso sucede con ciertas palabras que cobran popularidad y luego desaparecen. En este momento, la palabra *florecer* está en auge. Esta palabra, *florecer,* es una buena tendencia, porque transmite lo que debe ser la vida en Cristo: deleitarse en el Señor y vivir para Él. Se trata de servir con alegría, no con desgano. Es ir más allá de la aburrida y rutinaria vida cristiana y conocer a Cristo como nuestro mayor deleite.

Queremos eso, ¿verdad? Y no solo un momento ocasional, sino todo el tiempo. Queremos una vida de florecimiento. Entonces, ¿por qué no la tenemos? ¿Cuál es el impedimento? ¿Qué sabotea nuestra alegría?

Para la mayoría de las mujeres, no es nada importante ni extremo; son las pequeñas presiones diarias (el estrés, los miedos y las contrariedades), que aparecen y perturban nuestra intención de amar y tener una vida plena. Sin embargo, a menudo hay más. La vida monótona y aburrida proviene también de lo que dejamos entrar en nuestra mente y nuestro corazón; no solo del mundo que nos rodea, sino también de fuentes que afirman ser cristianas. Eso es lo que queremos aprender a medida que avanzamos en este libro. Queremos ver cómo las falsas enseñanzas sobre Dios pueden darnos ideas falsas sobre Él y cómo estas falsas ideas nos impiden florecer.

Para orientarnos, es importante darnos cuenta de que estamos viviendo en lo que la Biblia llama "los postreros días". Cuando Jesús regresó a su Padre celestial cuarenta días después de su resurrección, comenzó esta nueva era de la historia (los postreros días), y la Palabra de Dios señala que esta era se caracterizará por ser tiempos difíciles. Es una verdad que nos lleva a reflexionar, y el apóstol Pablo quiere que enfrentemos esta realidad sin rodeos: "También debes saber esto —le escribió a Timoteo— que en los postreros días vendrán tiempos peligrosos" (2 Ti. 3:1). Y luego explica por qué estos días serán tan peligrosos:

> Porque habrá hombres amadores de sí mismos, avaros, vanagloriosos, soberbios, blasfemos, desobedientes a los padres, ingratos, impíos, sin afecto natural, implacables, calumniadores, intemperantes, crueles, aborrecedores de lo bueno, traidores, impetuosos, infatuados, amadores de los deleites más que de Dios, que tendrán apariencia de piedad, pero negarán la eficacia de ella; a estos evita (vv. 2-5).

Al leer la lista de peligros que menciona Pablo, una palabra llama mi atención: *amadores*. El apóstol habla específicamente de amadores de lo malo. Los tiempos difíciles vienen porque las personas se aman a sí mismas, aman el dinero y aman los deleites en lugar de amar lo bueno y a Dios.

Muchas de las cosas malas y aterradoras que vemos que suceden surgen del veneno de amar lo malo, y como Pablo señala anteriormente en esta carta, la palabra de los falsos maestros "carcomerá como gangrena" (2 Ti. 2:17).

Pablo está diciendo que las personas beben veneno espiritual cuando escuchan enseñanzas falsas sobre la Palabra y los caminos de Dios, y por eso nos recomienda que lo evitemos, que no escuchemos las falsas enseñanzas. No podemos escapar del hecho de que aquello en lo cual nos enfoquemos será lo que determine nuestra vida.

Si queremos conocer el gozo y la paz, si deseamos ser discípulas del Señor Jesús y dar fruto, es imperativo que respiremos el aire espiritual correcto; pero, ¿cómo lo sabemos? ¿Cómo podemos estar seguras de que estamos respirando aire espiritualmente puro?

Nuestro reto es discernir la enseñanza que es pura y verdadera de la que es tóxica y falsa. La Palabra de Dios es nuestra norma, por supuesto, pero aquí está la parte difícil: ¡las enseñanzas falsas sobre la Biblia pueden influir significativamente en la forma en que entendemos la Biblia! Por eso es vital que podamos identificar lo que es falso, en otras palabras, lo que no es bíblico, en todo aquello que vemos y escuchamos. Por lo tanto, aunque nuestro énfasis parece bastante sencillo —proteger nuestra vida en la verdad bíblica—, es más difícil de lo que pensamos. Necesitamos un examen más detenido. Mientras lo hacemos, es probable que descubramos que, sin darnos cuenta, hemos creído parte de esas falsas enseñanzas porque se nos han presentado como la verdad.

Toda esta idea de las "falsas enseñanzas" trae a la mente imágenes de hábiles telepredicadores o grupos de seguidores que viven como una secta. No obstante, vuelve a leer las palabras de Pablo a Timoteo y observa lo primero que menciona acerca de los postreros días: "Habrá hombres amadores de sí mismos". Cualquier enseñanza que establezca el amor a uno mismo como la norma máxima es una enseñanza falsa, y somos susceptibles a ella porque apela a ese profundo anhelo de aprobación que sentimos en lo más íntimo de nuestro ser. Por eso nos convence. Por eso nos hace *sentir* tan bien. Y existe un vínculo ineludible entre el amor propio y vivir enfocadas en nosotras mismas. En realidad, son solo dos caras de una misma moneda. Siempre van juntas. Por eso el amor propio, como el amor que describió el apóstol, dirige nuestras energías, pensamientos, planes, elecciones (e incluso nuestra teología) hacia nuestra propia vida y nos convierte en el centro de todas las cosas.

¿Somos de este tipo de personas amadoras de sí mismas? Podríamos serlo, si nos definimos por lo que los demás piensan de nosotras. Podríamos serlo, si creemos que la vida con Cristo se trata de aprovechar al máximo nuestro potencial personal. Podríamos serlo, si permitimos que nuestros sentimientos gobiernen nuestras elecciones. Podríamos serlo, si pensamos que Jesús nos salvó, principalmente, para hacer nuestra vida diaria más cómoda. Podríamos serlo, si permitimos que algún pecado, ya sea pasado o presente, nos defina. Centrar nuestra atención en nuestra propia vida nunca logra el objetivo que esperamos, por ello debemos dejar de pensar en nosotras mismas y centrar nuestra atención en otra persona: el Señor Jesucristo. La Palabra de Dios —y la verdadera enseñanza bíblica— está centrada en Él.

Así que tómate un momento para evaluar la pila de libros que tienes sobre tu mesita de noche, específicamente aquellos que tienen que ver con la fe cristiana. ¿Hay un tema común entre esos libros? ¿Cuántos tienen más que ver con la vida cristiana exitosa que con Cristo mismo? Si bien los libros sobre la vida cristiana, desde luego, son buenos y útiles, en realidad pueden distorsionar nuestra comprensión de lo que significa ser cristiano si no están centrados en Cristo. Por lo tanto, necesitamos ser sabias y reflexivas no solo en la elección de los libros que leemos, sino también en todas las formas de enseñanza que escuchamos, desde predicaciones hasta pódcasts.

Tenemos un reto por delante.

Sin embargo, a medida que nos capacitemos bíblicamente para distinguir entre el amor propio y el amor a Cristo, nuestra vida de fe florecerá y hallaremos la vida abundante que Jesús prometió.

# CAPÍTULO 1

# LIBRE DE LO QUE PIENSAN LOS DEMÁS DE TI

Hace algunos años, llegaron al mercado las varillas para selfis. Fueron el regalo de Navidad "de moda" ese año para los menores de treinta años (y para muchos mayores de treinta también). De hecho, la varilla para selfis se incluyó en la lista de la revista *Time* de los veinticinco mejores inventos de 2014. Nada captura mejor el espíritu de nuestra era, que esa varilla de metal extensible que permite a las personas colocar una cámara para tomarse un sinfín de autofotos. Algunos la han apodado la "varilla de Narciso". Y con razón.

Las selfis alimentan el motor de las redes sociales. Muchas de nosotras cambiamos nuestra foto de perfil cada semana o incluso a diario. Algunas de esas fotos, que se sacan en el momento, son espontáneas y divertidas, pero muchas otras son el resultado de innumerables tomas, en busca de la foto perfecta, que nos muestra de la forma que más nos favorece. La era de la selfi (y el hecho de que las selfis *existan*) nos permite influir en cómo los demás responden a la pregunta que siempre nos hacemos: "¿Qué piensa la gente de *mí*?".

Con nuestra ropa, nuestro peso, nuestra rutina de gimnasia, el interior de nuestra casa, el comportamiento de nuestros hijos e incluso cómo damos a luz a nuestros hijos, nos motiva fuertemente el anhelo de una respuesta aceptable a esa pregunta. Sin embargo, en Cristo, estamos llamadas a hacer una pregunta diferente: ¿Qué piensa la gente de Cristo? Cuando nos motiva la preocupación de cómo la gente ve a Jesús, podemos vivir libres de la esclavitud de lo que la gente piensa de nosotras. Uno de los aspectos más asombrosos de estar unidas por la fe a Cristo es que Él se convierte en nuestra verdadera identidad. Sin embargo, si no comprendemos esto, no podemos disfrutar de la libertad que trae dejar de pensar en nosotras mismas.

## Profundiza

La libertad es el mejor regalo que una democracia ofrece a sus ciudadanos. Aquellas de nosotras que hemos vivido toda la vida bajo un sistema democrático tendemos a dar por segura la libertad. Por lo general, no nos asombra tener la libertad de elegir qué estudiar, con quién casarnos, el tamaño de nuestra familia y dónde (y a quién) adorar. Sin embargo, estas libertades que disfrutamos fueron el resultado de mucho esfuerzo, riesgos tomados, derramamiento de sangre y guerras. Y nuestra historia nacional es solo una sombra efímera de la libertad eterna que Jesús nos dio al derramar su sangre en la cruz para librarnos del pecado y la ira de Dios. Cuando Jesús resucitó y ascendió al cielo, en realidad nos llevó con Él:

> Pero Dios, que es rico en misericordia, por su gran amor con que nos amó, aun estando nosotros muertos en pecados, nos dio vida juntamente con Cristo (por gracia sois salvos), y juntamente con él nos resucitó, y asimismo nos hizo sentar en los lugares celestiales con Cristo Jesús (Ef. 2:4-6).

Nuestra vida ahora está allí, en los lugares celestiales con Cristo. Este no es solo un concepto espiritual sobre el cual reflexionar; sino una realidad con enormes implicaciones prácticas. Para nuestros propósitos aquí, indica que Jesús logró nuestra libertad. Podemos dar por sentadas las libertades de nuestra sociedad y seguir disfrutando de tales beneficios, pero no tanto nuestra libertad espiritual. Si no valoramos la obra de Cristo o no entendemos todo lo que Él hizo por nosotras, estamos viviendo y pensando como prisioneras y no como mujeres libres.

Pienso, por ejemplo, en Sofía. Todos los días de la semana se levanta a las seis en punto y pasa quince minutos leyendo la Biblia mientras toma su café cada mañana. Después, pone su atención al día que tiene por delante y piensa en la ropa que se pondrá mientras termina su café. Las meditaciones sobre Dios y el pasaje de la Biblia que acaba de leer se esfuman en su mente mientras mira el estante de ropa. Sofía está concentrada en la imagen que quiere proyectar y qué le parecerá su vestimenta a la gente con la que va a encontrarse en las próximas horas. Una vez vestida, con los accesorios puestos y maquillada, baja las escaleras para desayunar y, mientras prepara huevos revueltos para su familia, se pregunta si puede quemar las calorías de lo que va a comer. Piensa en ese vestido que tiene que ponerse para la reunión del próximo mes, así que tal vez no coma la tostada. Y así continúa a lo largo del día, hasta la hora de acostarse.

Sin embargo, ni en esa hora Sofía se libra de preocuparse por lo que piensan los demás. El ajetreo del día puede haber terminado, pero ese momento más tranquilo le permite tener un espacio mental para repasar las actividades y conversaciones del día en busca de la impresión que dejó en los demás. Las cosas que dijo o no dijo, o desearía o debería haber dicho o expresado de otra forma, todo viene a su mente apenas apoya su cabeza sobre la almohada.

* * * * * * * * * *

*Si centramos nuestros pensamientos
y nuestras actividades en nosotras
mismas, nuestro mundo se volverá
cada vez más estrecho.*

* * * * * * * * * *

Sofía no es consciente de la esclavitud en la que vive, pero su ansiedad sobre su apariencia y sus palabras lo revelan. Sofía está tan enfocada en sí misma, tan metida hacia dentro, que está encerrada en una prisión que ella misma se hizo. Preocuparnos por el qué dirán es eso: una prisión.

Si centramos nuestros pensamientos y nuestras actividades en nosotras mismas, nuestro mundo se volverá cada vez más estrecho y, con el tiempo, nuestra visión de la realidad se distorsionará. Sin darnos cuenta, basamos todos los aspectos de nuestra vida según la medida con que juzgamos o pensamos.

## *"¿Qué pensará la gente de mí?"*

Preocuparnos por el qué dirán impacta nuestras decisiones. Tanto las decisiones grandes como las pequeñas, con demasiada frecuencia están regidas por *¿Qué pensará la gente de mí?* Nuestro intento de responder esa pregunta puede llegar a ser una corriente interna tan fuerte, que ni siquiera somos conscientes de su influencia. Puede estar en los muebles para el hogar que elegimos, en cómo ponemos la mesa y en las macetas que colocamos en el patio. Puede estar en el automóvil que conducimos y en las decoraciones navideñas que elegimos para el frente de nuestra casa. Y puede estar allí, en los libros que leemos, los restaurantes que frecuentamos y los lugares que elegimos para vacacionar.

Esa fuerte corriente interna también puede impulsar las decisiones que tomamos para nuestros hijos. La escuela a la que asisten y los campamentos de verano, la ropa que usan y los amigos que traen a casa: podría estar fluyendo en algún lugar debajo de nuestro genuino amor de mamá. Las palabras de enojo, la vergüenza y la impaciencia surgen muy fácilmente de *¿Qué pensará la gente de mí?*

Puede comenzar incluso antes que nazcan nuestros hijos. A medida que el bebé crece dentro de nuestro vientre, buscamos consejos y leemos artículos sobre cómo ser la mejor mamá. Tomamos nota de lo que hacen otras madres y cómo lo hacen, y establecemos ciertas normas con respecto a técnicas de maternidad. Distinguimos no solo lo bueno de lo malo, sino lo mejor de lo mejor. Sin embargo, a veces terminamos por querer no solo ser la mamá ideal, sino también que nos *conozcan* como tal.

Una madre joven se decepcionó cuando sus planes para tener un parto natural en el hogar no se pudieron llevar a cabo. Las complicaciones durante las últimas semanas del embarazo requirieron un parto en el hospital. Dos años después se sigue lamentando. Se ve a sí misma como un fracaso por no dar a luz de la forma que había imaginado. No puede ver que no le falló a su hijo, que nació sano y continúa creciendo. Y no le falló a su Señor, que en ninguna parte de las Escrituras ordena un método de parto en particular. Solo se falló a sí misma por no estar a la altura de las expectativas de lo que se había convertido en una práctica habitual entre las madres jóvenes de su círculo.

Cuando se trata de *¿Qué pensará la gente de mí?* en la maternidad, el método y los medios del parto son solo el comienzo. También existe la presión de hacer comida casera para bebés y usar solo pañales de tela. El amor impulsa a muchas mamás a tomar estas decisiones, pero hay otras tantas que las toman porque parecen ajustarse a una identidad de madre ideal. Estas madres no pueden ver que se están dejando llevar más por normas autoinducidas, que por amor, y con el tiempo todo el gozo de su maternidad termina por esfumarse.

Si como madres nos preocupa demasiado lo que pensará la gente de nosotras, esa corriente interna continuará impulsándonos cuando llegue el momento de tomar decisiones sobre la educación de nuestros hijos. Ciertamente, nos propusimos tomar decisiones informadas y cuidadosas sobre dónde y cómo educar a nuestros hijos, y es probable que tales elecciones varíen de un hijo al otro. A medida que averiguamos las distintas opciones escolares, recopilamos sabiamente la opinión de padres con más experiencia, pero lo que importa aquí es su opinión sobre la educación, no su opinión sobre nosotras. He conocido a más de una madre que escolariza a sus hijos en el hogar, deprimida y enojada y cuyas emociones sombrías no tienen tanto que ver con una sensación de insuficiencia o agotamiento, sino con la razón inicial que las llevó a escolarizar a sus hijos en el hogar: la percepción de las expectativas de los demás. Sin duda, estas madres eligieron la escolarización en el hogar porque querían lo mejor para

sus hijos, pero descartaron otras opciones buenas (quizás mejores)
para su familia por especular: *¿Qué pensará la gente?*

## Discierne

Cualquiera que sea el problema, nuestra apariencia, nuestra familia, nuestro hogar o nuestros hijos, apagamos el gozo de nuestra fe y
dañamos nuestro testimonio de Cristo si llevamos una vida de preocupación por lo que pensarán los demás de nosotras. Parece contrario a
las expectativas lógicas, pero la felicidad no proviene de que los demás
piensen bien de nosotras, sino de pensar menos en nosotras mismas.

### Cuerpo y alma

No todas tenemos hijos que criar o casas que amueblar, pero todas
tenemos un cuerpo que presentar al mundo cada día. Dado que vivimos en una sociedad donde la juventud y el tono muscular son íconos
del éxito, la tentación de estar a la altura de las expectativas puede
ser enorme. Somos muy conscientes de las presiones que la sociedad ejerce sobre las mujeres, y aquellas de nosotras que conocemos
la Palabra de Dios buscamos cultivar regularmente una perspectiva
eterna a fin de combatir tales presiones. Nos basamos en versículos
como 1 Timoteo 4:8, donde Pablo escribe: "Porque el ejercicio corporal para poco es provechoso, pero la piedad para todo aprovecha".
Aun así, es posible que pensemos demasiado, gastemos demasiado
dinero y dediquemos demasiado tiempo a cómo nos vemos.

•  •  •  •  •  •  •  •  •  •

> *La felicidad no proviene de que los demás
> piensen bien de nosotras, sino de pensar
> menos en nosotras mismas.*

•  •  •  •  •  •  •  •  •  •

Crecí a finales de esa primera generación obsesionada con la del-
gadez. La modelo inglesa Twiggy apareció en la década de 1960,

y con su imagen proscribió el ideal de mujer con forma de reloj de arena, que impuso Marilyn Monroe. Finalmente, la tendencia Twiggy condujo a la heroína chic demacrada de la década de 1990. A las jóvenes de mi generación nos atrapó todo eso, y muchas de nosotras aún seguimos atrapadas. Además, importantes desarrollos científicos durante estas décadas nos abrieron los ojos a los peligros para la salud de una dieta rica en grasas, la obesidad y un estilo de vida sedentario. Hasta el día de hoy, estamos tentadas a definir nuestro bienestar por nuestro peso corporal. Y adoptando la norma de nuestra cultura, usamos la descripción de un cuerpo *delgado* y *tonificado* como sinónimo de *éxito* y *piedad*.

Aun así, la influencia de este mundo no es nuestro único reto para una comprensión correcta del discipulado bíblico. Igual de influyente es cómo esa idea mundana se ha infiltrado en nuestras iglesias. En la lista de actividades de muchas iglesias de hoy día, son comunes las clases de ejercicios con nombres como "Ejercicio para el cuerpo y alma". Estos son básicamente los mismos programas de entrenamiento físico que se ofrecen en cualquier gimnasio, pero con el rótulo de cristiano, porque se ejercita con música de alabanza contemporánea y se hace énfasis en una buena salud para la gloria de Dios. Todo suena genial. El ejercicio es muy valioso, como dijo Pablo, y damos gloria a Dios de poder cuidar nuestro cuerpo físico. ¿Y qué mejor manera de hacerlo que en compañía de otros creyentes que hacen ejercicios de resistencia y elongación al ritmo de las alabanzas?

Sin embargo, hay más aspectos que debemos considerar. Primero está el contexto de las palabras de Pablo sobre el ejercicio:

> Rechaza las leyendas profanas y otros mitos semejantes. Más bien, ejercítate en la piedad, pues aunque el ejercicio físico trae algún provecho, la piedad es útil para todo, ya que incluye una promesa no solo para la vida presente, sino también para la venidera (1 Ti. 4:7-8, NVI).

Lo que nos queda grabado en la mente es la mitad de este pasaje: "El ejercicio físico trae algún provecho". Lo vemos como un respaldo bíblico para hacer ejercicio con regularidad. Sin embargo, el énfasis de Pablo aquí es muy diferente. Estaba tratando de aclarar la confusión causada por los falsos maestros acerca de la naturaleza de la verdadera piedad. Los creyentes de su época luchaban con la falsa enseñanza que equiparaba la abnegación estricta, también llamada "ascetismo", con la piedad. En otras palabras, la abnegación y la supresión de los apetitos físicos eran supuestamente una señal de verdadera piedad. De modo que aquí Pablo está instruyendo a Timoteo a contrarrestar esa mentira con la verdad de que la estricta disciplina corporal y la piedad no necesariamente van de la mano. El ejercicio es bueno y la piedad es buena, pero no son la misma cosa. De hecho, solo una es necesaria desde el punto de vista espiritual.

La mayoría de estas clases de ejercicios para "el cuerpo y alma" no tienen la intención de promover la herejía de los días de Pablo; aun así, pueden crear un entorno propicio para que nos extraviemos en esa dirección. Otro peligro potencial de esas clases es cómo pueden influir en nuestra visión de la Palabra de Dios. Hacer coreografías de clases de ejercicios con pasajes de las Escrituras puede banalizar involuntariamente la Palabra de Dios, y distorsionar nuestra comprensión del discipulado bíblico.

En otra de sus epístolas, Pablo expone los méritos de la disciplina corporal (ver 1 Co. 9:27). Aun así, por la cantidad de santos piadosos que sufren enfermedades graves, tanto los que hacen ejercicio como los que no, parece que la preocupación de Dios por la forma e incluso la salud de nuestro cuerpo es radicalmente diferente a la nuestra.

Ciertamente, glorifica a Dios cuidar el cuerpo que Él nos ha confiado, pero algunas de estas clases de ejercicios hacen poco más que colocar una apariencia espiritual sobre nuestros esfuerzos por sentirnos bien con nosotras mismas. Si participamos en este tipo de programa de ejercicios, pensemos en cómo nos afecta. ¿Nos sentimos entusiasmadas al final de la clase, tan impregnadas por el brillo sudoroso de un subidón de endorfina, que queremos salir corriendo a evangelizar o correr a casa para leer las Escrituras y orar? Tal vez, pero lo más probable es que simplemente disfrutemos de lo bien que nos sentimos y sigamos con nuestro día. Y aunque ese efecto bueno que sentimos es una bendición, a veces está ahí porque el ejercicio nos ha proporcionado una solución rápida para la próxima vez que nos asalte la pregunta recurrente: *¿Qué pensará la gente de mí?*

Las clases de ejercicio son la droga elegida por muchas adictas a la pregunta: *¿Qué pensarán los demás de mí?* Y el remedio para muchas de ellas no es dejar de hacerse la pregunta, sino simplemente determinar cómo responderán.

## Manejo de la percepción

Otro popular intento de remediar la ansiedad de vivir según lo que pensarán los demás se encuentra en la dirección opuesta. En lugar de ganarnos la aprobación de la gente, tratamos de pasar por alto lo que los demás piensan de nosotras; pero, contrario a la enseñanza popular, esto no es un remedio, sino solo un escudo defensivo.

Fíjate en algunos sitios web populares y encontrarás un sinfín de instrucciones para manejar la percepción, cultivar el amor propio y mantener un diálogo interno positivo, muchos de ellos dirigidos a las adolescentes. ¿Qué estamos consumiendo y qué mensaje estamos inculcando a nuestras hijas? ¿Y cuánto de ambas cosas está basado en las Escrituras? No podemos dar por hecho que el material que tiene el rótulo de "cristiano" es realmente bíblico, pero discernir la verdad del error es muy difícil, especialmente cuando la verdad se mezcla con el error. Una autora bien intencionada, que busca animar a las jóvenes que luchan con una mala opinión de sí mismas, aconseja a sus lectoras a pensar de sí mismas a la luz de quién es Jesús:

Esta soy yo:

Soy una pecadora, insuficiente y llena de fallas. Cometo faltas constantemente, tanto que algunos días ni siquiera me doy cuenta de cuánto he pecado.

No obstante, soy salva, perdonada y suficiente. Soy digna, valiosa e importante, no por algo que yo haya hecho, sino porque Jesús me ha hecho suya.[1]

---

1. Aliza Latta, "Dear Girl Who Thinks She's Not Enough", 1 de marzo de 2016, https://alizalatta.com/blog/dear-girl-who-thinks-shes-not-enough.

Se trata de una buena observación, que la autora extrae de Génesis 1:31: "Y vio Dios todo lo que había hecho, y he aquí que era bueno en gran manera". El error que ella comete es basar su consejo solo en este versículo y dejar de lado la historia general de la Biblia. Como resultado, sus palabras de aliento, en realidad, alejan a sus lectoras de la verdad, lo cual queda claro en lo que escribe a continuación:

> A veces sueño con cómo sería el mundo si todas decidiéramos creer que tal como Dios nos hizo es suficientemente bueno. Y luego voy un paso más allá y empiezo a soñar con cómo sería el mundo si no solo creyéramos que somos suficientes, sino que tal como somos es muy bueno.[2]

La visión general de la Biblia nos muestra que la buena creación de Dios se desfiguró cuando el pecado entró en el mundo. A partir de ese momento, cada persona es, desde su nacimiento, como el apóstol Pablo, que escribió: "Y yo sé que en mí, esto es, en mi carne, no mora el bien" (Ro. 7:18). Sin duda, como Dios nos hizo fue "bueno en gran manera", pero si esto es todo lo que se les ofrece a las lectoras, no encontrarán la ayuda y la esperanza que necesitan.

Entiendo lo que la autora está tratando de hacer aquí y que sus intenciones son buenas, pero debemos tener cuidado con cualquier enseñanza, no importa cuán pequeña sea, que vaya en contra de algo que enseñan las Escrituras. Las mujeres jóvenes que leen el artículo se quedan con la idea de que la salvación *las* hace buenas en lugar de que la salvación es la forma en que se les concede la bondad *de Cristo*. Verdad más error no es igual a una verdad parcial; verdad más error es igual a error.

No se puede superar este problema tratando de ser lo mejor posible o diciéndote a ti misma que eres buena. Se supera al ver el pecado de raíz: una vida enfocada en *ti* misma.

---

2. Latta, "Dear Girl Who Thinks She's Not Enough".

## Florece

El problema no es la angustia emocional que produce o que nos importa demasiado lo que los demás piensan de nosotras. El problema es pensar demasiado en nosotras mismas, punto. Vivir libre de esta tendencia comienza con el discernimiento. Comienza con establecer la relación entre esta tendencia y lo que estamos consumiendo, no solo de nuestra cultura, sino también de enseñanzas que no aplican correctamente la Palabra de Dios a nuestra vida cotidiana. Y, finalmente, reconocer que esas influencias nos capturan porque nuestro corazón se identifica con lo que ofrecen: el bienestar personal, el éxito y la admiración de nuestros semejantes. Nuestra forma de actuar es prueba de que anhelamos esas cosas. La Palabra de Dios indica claramente que eso produce una esclavitud:

> El temor del hombre pondrá lazo;
> Mas el que confía en Jehová será exaltado (Pr. 29:25).

Este proverbio va dirigido a las personas propensas a complacer a los demás, a las que buscan su bienestar en la buena opinión de los demás. Sin embargo, buscar el bienestar en la opinión de las personas desplaza a Dios del lugar que le corresponde en nuestro corazón. Hemos sido creadas para complacer solo a Dios.

### Vencer el temor del hombre

A fin de cuentas, el temor del hombre es el anhelo de complacernos a nosotras mismas; queremos que los demás nos admiren para poder sentirnos valiosas e importantes. Sin embargo, Dios es Aquel cuyo valor e importancia estamos llamadas a exhibir. De modo que el proverbio arroja luz sobre el problema de complacer a los demás, pero también nos muestra la salida. La confianza en el Señor es lo que nos libra de esa trampa. Si dejamos de mirarnos a nosotras mismas y ponemos nuestra mirada en el Señor, encontramos que Él es digno de confianza y fiel para ser todo lo que ha prometido ser y para hacer todo lo que ha prometido hacer.

*Buscar el bienestar en la opinión de las personas desplaza a Dios del lugar que le corresponde en nuestro corazón.*

Algo sorprendente sucede a medida que crece nuestra confianza: nuestros pensamientos están mucho menos orientados hacia nosotras mismas y tenemos una nueva alegría de vivir. Experimentamos la libertad que proviene de vivir bajo la mirada fija de Aquel que nos ama, y no tenemos nada que demostrar, porque Cristo lo demostró todo por nosotras.

Al crecer en confianza, nuestra visión de los demás también cambia. No vemos a los demás como una medida de nosotras mismas, sino como personas a quienes amar. Dejamos de usar a los demás y comenzamos a servirlos. Intentamos enfocarnos en los demás, pero no con nosotras mismas como el punto de referencia. Estas son las bendiciones de dejar de pensar en nosotras mismas. Una joven llamada Ada me mostró este ejemplo.

Conocí a Ada hace aproximadamente una década en un retiro de la iglesia para jóvenes de secundaria. Ella era un poco más reservada que algunas de sus compañeras de clase, sin embargo, era cálida y amigable. Además, era una de las muchachas de dieciséis años más bellas que jamás había visto. Y tenía un corazón para Dios. Ese fin de semana comenzó una amistad que duró sus años universitarios. Ada sufrió algunas circunstancias dolorosas durante esos años; pero con cada dificultad, procuró conocer mejor al Señor y servirlo más fielmente. Ada y yo perdimos el contacto después que se graduó de la universidad, pero recientemente me escribió un mensaje y quedamos en encontrarnos en una cafetería local. Estaba un poco nerviosa mientras conducía para encontrarme con ella porque la imagen que acompañaba su mensaje para mí indicaba claramente otro reto: estaba completamente calva. Su mensaje no incluía ninguna explicación de su calvicie. ¿Sería alguna nueva moda de la generación del nuevo milenio o tendría cáncer?

Cuando llegué a la cafetería, Ada ya estaba allí, y cuando vino hacia mí, no fue su cabeza calva lo que noté tanto, sino la hermosa sonrisa que la caracterizaba y que sigue siendo el aspecto más llamativo de su persona. Resultó ser que no tiene cáncer. Tampoco estaba siguiendo una moda. Tiene alopecia, una condición que provoca la caída del cabello, en algunos casos como el de Ada, la pérdida total. "Es solo cabello —dijo—, y lo importante es que estoy sana". Continuó contándome cómo Dios ha usado esa condición para profundizar su fe y su compromiso de servir al Señor, y con alegría me contó en detalle cómo ha estado sucediendo. La confianza de Ada es profunda, y lo toma con total naturalidad.

De camino a casa después de nuestra reunión, lloré, pero no por Ada. Lloré por cómo una hora en su compañía había expuesto mi actitud pecaminosa. Recordé cómo había entrado en pánico durante una temporada cuando se me había debilitado el cabello cuando llegué a la mediana edad hace unos años. En ese momento, lloré y oré. Corrí al dermatólogo. Estaba obsesionada, todo porque mi cabello antes grueso ya no lo era tanto. Continué llorando al recordar la decepción a lo largo de los años en el rostro de amigas cuyos remedios caseros había rechazado por preocupaciones arraigadas en la vanidad. Lloré por las horas (días, semanas, meses) perdidas por fijarme en mí misma y no en las cosas que realmente importan: el amor por el Señor y por el prójimo. Durante años fui mentora de Ada, y ese día sin saberlo, ella fue mi mentora.

Al igual que Ada, el apóstol Pablo, una de las personas más alegres que jamás haya existido en esta tierra, vivió libre de esta trampa. No le preocupaba lo que la gente dijera o pensara de él. El foco de atención de Pablo era lo que la gente pensara de Cristo:

Así que, hermanos, cuando fui a vosotros para anunciaros el testimonio de Dios, no fui con excelencia de palabras o de sabiduría. Pues me propuse no saber entre vosotros cosa alguna sino a Jesucristo, y a este crucificado. Y estuve entre vosotros con debilidad, y mucho temor y temblor; y ni mi palabra ni mi predicación fue con palabras persuasivas de humana sabiduría, sino con demostración del Espíritu y de poder, para que vuestra fe no esté fundada en la sabiduría de los hombres, sino en el poder de Dios (1 Co. 2:1-5).

Jesús era toda la razón de vivir de Pablo, y debido a ello, veía sus debilidades personales como oportunidades para mostrar la fortaleza de Dios.

Jesucristo era también toda la *identidad* de Pablo, lo cual afirma en su carta a los Gálatas:

> Con Cristo estoy juntamente crucificado, y ya no vivo yo, mas vive Cristo en mí; y lo que ahora vivo en la carne, lo vivo en la fe del Hijo de Dios, el cual me amó y se entregó a sí mismo por mí (Gá. 2:20).

Pablo se definía a sí mismo por su unión con Cristo, no por la opinión de los demás, o por el éxito del ministerio o por sus características o logros personales. Su identidad en Cristo lo libró de la degradante esclavitud de esa actitud pecaminosa y le permitió practicar lo que predicaba: "Y ciertamente, aun estimo todas las cosas como pérdida por la excelencia del conocimiento de Cristo Jesús, mi Señor, por amor del cual lo he perdido todo, y lo tengo por basura, para ganar a Cristo" (Fil. 3:8).

Cristo también es nuestra identidad, si estamos unidas a Él por la fe. A veces nos olvidamos de este hecho. Algunas de nosotras nunca lo hemos entendido. Y nuestro corazón naturalmente orientado hacia nosotras mismas no nos permite entenderlo. Poner la mira en las cosas de arriba y pensar en los demás nos transforma en mujeres caracterizadas por lo que Tim Keller llama "la humildad del evangelio":

> La esencia de la humildad del evangelio no es pensar más ni menos de mí mismo, sino pensar menos en mí mismo. La humildad del evangelio es no tener necesidad de pensar en mí mismo… La verdadera humildad del evangelio significa dejar de ser el centro de

cada experiencia, cada conversación. De hecho, dejo de pensar en mí mismo".[3]

Es Cristo quien nos define, no los demás. Y lo que Él piensa es todo lo que realmente importa.

Mas os digo, amigos míos: No temáis a los que matan el cuerpo, y después nada más pueden hacer. Pero os enseñaré a quién debéis temer: Temed a aquel que después de haber quitado la vida, tiene poder de echar en el infierno; sí, os digo, a este temed. ¿No se venden cinco pajarillos por dos cuartos? Con todo, ni uno de ellos está olvidado delante de Dios. Pues aun los cabellos de vuestra cabeza están todos contados. No temáis, pues; más valéis vosotros que muchos pajarillos (Lc. 12:4-7).

---

3. Timothy Keller, *The Freedom of Self-Forgetfulness* (Lancashire, UK: 10 Publishing, 2012), p. 32. Publicado en español con el título *Autoolvido: El camino de la verdadera libertad*, por Editorial Andamio, 2 de julio de 2013.

# LIBRE DE LA SUPERACIÓN PERSONAL

¿Eres aficionada a las listas? Si es así, entiendes a las personas como yo, que comenzamos el día con una lista. Cada mañana hago una lista de tareas pendientes y, a medida que avanza el día, tacho cada tarea cumplida. Hay algo que me trae una gran satisfacción, especialmente esos días en que puedo cumplir todas las tareas de la lista antes de acostarme. Y aquellas de nosotras que contamos con un teléfono inteligente podemos enloquecernos con la función de notas y manejar varias listas a la vez. Tengo la lista de quehaceres domésticos, la de obligaciones ministeriales, otra para estudios bíblicos y proyectos de escritura y otra más para planes a largo plazo.

Incluso si no somos personas aficionadas a las listas, cada una de nosotras se fija objetivos. Grandes o pequeños, establecemos objetivos y nos esforzamos por cumplirlos todos los días. Hay dos cosas que resultan útiles a la hora de establecer objetivos: el *qué* y el *por qué*.

Si piensas en tus objetivos del último mes, ¿puedes ver un tema común? Identificar un tema es una forma de descubrir el *qué*, no tanto de cada objetivo individual, sino lo que une a todos esos objetivos individuales. ¿Hay algún aspecto que los une, algo en común? Tal vez sea la familia. O tal vez tenga algo que ver con tu trabajo o tu vida espiritual.

Y luego el *por qué*, ¿por qué nos esforzamos por cumplir los objetivos? ¿Por qué nos importan?

El objetivo de mi amiga Zoe es ordenar su casa. A decir verdad, *está* desordenada, y no me refiero a que tiene algunas pilas de cosas amontonadas por aquí y por allá. Zoe colecciona cosas (muebles, chucherías, platos) y lo que colecciona ocupa mesas, mostradores y gran parte del suelo. Todo el desorden le impide recibir invitados en su casa, algo que dice que le encantaría hacer. Ordenar ha sido el objetivo de Zoe desde que la conozco, hace más de veinte años. De vez en cuando reserva un día para abordar esa tarea, pero nunca he visto ningún progreso real.

Recientemente, le pregunté cómo influye Jesús en su objetivo de ordenar, y me dijo que en realidad nunca había pensado en ello. Ese objetivo siempre ha estado presente en su vida, pero ha estado presente como si fuera una especie de ruido de fondo, y mientras hablábamos dijo que empezaría a orar para que Dios la ayudara a cumplirlo. "Él me ayudará —dijo—, porque sé que quiere que me sienta bien conmigo misma".

Luego está Hayley, otra mujer que duda en recibir invitados en su casa, pero el desorden no es su problema. En el caso de Hayley, es el miedo a no estar a la altura de las expectativas. La mayoría de sus amigas tienen muebles más bonitos y parecen sentirse seguras de recibir visitas en su casa.

Hayley es consciente de que su miedo en realidad es orgullo, y se interpone en el camino de cualquier tipo de hospitalidad cordial. De modo que su incapacidad de dominar este pecado le produce frustración, desanimo y vergüenza. Y se pregunta: "¿Por qué Dios no me ayuda?".

Todas conocemos a mujeres como Zoe y Hayley, y es muy probable que podamos ver a una de ellas o a ambas reflejadas en cómo lidiamos con las diversas cosas que no nos gustan de nosotras mismas o cómo manejamos nuestra vida. Entonces, cuando se trata de establecer objetivos personales, vale la pena reflexionar nuevamente sobre las palabras del apóstol Pablo: "Si, pues, coméis o bebéis, *o hacéis otra cosa*, hacedlo todo para la gloria de Dios" (1 Co. 10:31).

* * * * * * * * * *

### *¿Estamos buscando un cambio personal para enriquecer nuestra vida cristiana y difundir más el evangelio, o solo estamos insatisfechas con nosotras mismas?*

* * * * * * * * * *

Cuando consideramos a Zoe a la luz de la instrucción de Pablo, creo que no me equivoco al decir que Dios se *deleitaría* en ayudarla a ordenar, no porque el desorden le robe la gloria, sino porque el desorden inhibe la hospitalidad. En cuanto a Hayley, el problema no es la decoración de su hogar, sino el hecho de que eso perturba sus pensamientos.

El mismo principio se aplica a todos nuestros objetivos personales. ¿Estamos buscando un cambio personal para enriquecer nuestra vida cristiana y difundir más el evangelio, o solo estamos insatisfechas con nosotras mismas? Y una pregunta relacionada para reflexionar: ¿Detestamos el pecado porque es pecado o por las dolorosas consecuencias que trae?

## Profundiza

A la hora de evaluar nuestra motivación para un cambio personal, comencemos por pensar por qué, por mucho que lo intentemos, nunca podemos cumplir algunos de nuestros objetivos.

En el caso de Zoe, no se da cuenta de que la ansiedad es la raíz de su fracaso. Es difícil de precisar, pero la conclusión es esta: si finalmente pusiera su casa en orden, perdería el componente vital que la mantiene enfocada en sí misma. Se sentiría un poco vacía. Vivir todo el tiempo con la intención de ordenar, y nunca llegar a hacerlo, es un lazo invisible, una cuerda invisible, que la mantiene anclada de manera segura a sus necesidades personales, pero distante de las necesidades de los demás. ¿Podría ser eso lo que nos sucede a nosotras? Podría serlo, si por un motivo u otro nunca llegamos a cumplir nuestros objetivos personales, sean cuales sean. Los objetivos no cumplidos pueden mantenernos encerradas en nosotras mismas y ajenas a las necesidades y los problemas de los demás.

Para aquellas de nosotras como Hayley, frustradas, desanimadas y avergonzadas por el pecado y el fracaso, nuestro problema podría ser una concepción errónea sobre la salvación en Cristo y lo que significa vivir la vida cristiana. Si no entendemos la enseñanza de las Escrituras, seguramente tendremos altibajos en nuestras luchas e iremos del éxito al fracaso, de la libertad a la frustración, de la paciencia a la ira, del regocijo al desánimo y de la seguridad a la vergüenza. Claro, ganamos una que otra batalla, pero tenemos pocas esperanzas de ganar la guerra. Nos preguntamos dónde está Dios en nuestras luchas y por qué parece no ayudarnos. Después de todo, ¿no es la victoria la esencia de la vida cristiana?

Pues bien, la respuesta es sí y no. Es sí en el sentido de que una vez que estamos unidas a Cristo, ya no somos esclavas del pecado; ya no le pertenecemos y, por lo tanto, no puede definirnos. Sin embargo, la respuesta es no en el sentido de que la presencia del pecado nos continuará asediando hasta que seamos perfeccionadas en la gloria.

Aun así, estar en Cristo marca una gran diferencia incluso en esta vida. Antes de estar unidas por la fe a Cristo, *no podemos* dejar de pecar; una vez que estamos en Cristo, *podemos* dejar de hacerlo. Entonces, ¿por qué lo hacemos?

Continuamos pecando porque, aunque ya somos libres del castigo y el poder del pecado, la liberación total de su presencia nos espera en la próxima vida.[1] El apóstol Pablo, quien claramente experimentó sus propias luchas con el pecado que nos asedia, lo expresa de la siguiente manera:

Porque no hago el bien que quiero, sino el mal que no quiero, eso hago. Y si hago lo que no quiero, ya no lo hago yo, sino el pecado que mora en mí. Así que, queriendo yo hacer el bien, hallo esta ley: que el mal está en mí. Porque según el hombre interior, me deleito en la ley de Dios; pero veo otra ley en mis miembros, que se rebela contra la ley de mi mente, y que me lleva cautivo a la ley del pecado que está en mis miembros. ¡Miserable de mí! ¿quién me librará de este cuerpo de muerte? (Ro. 7:19-24).

¿Te puedes identificar con sus palabras? Apuesto a que sí, porque no importa cuánto hace que estamos en Cristo, todas podemos identificarnos con sus palabras.

Entonces, volviendo a nuestra pregunta anterior: ¿No es la victoria la esencia de la vida cristiana? La respuesta depende de lo que esperamos lograr. Don Matzat escribe:

Toda la frustración que experimentan aquellos que buscan un cambio de vida y la victoria sobre el pecado se basa en un diagnóstico erróneo de la condición humana. Creemos erróneamente que Dios es un restaurador, que repara compasivamente las vidas humanas como un padre amoroso que repara los juguetes rotos de sus hijos. Hacemos una lista de nuestros problemas específicos y buscamos al Señor para encontrar soluciones específicas, pero nunca tachamos nada de la lista, y parece que nunca se termina.[2]

---

1. Esta frase la declaró por primera vez Agustín. Para obtener una explicación realmente clara de su enseñanza sobre el pecado, incluido un conveniente diagrama, consulta "Human Nature in Its Fourfold State", Monergism.com, consultado el 5 de julio de 2018, https://www.monergism.com/thethreshold/articles/onsite/four-fold.html.

2. Don Matzat, *Christ Esteem: Where the Search for Self-Esteem Ends* (Eugene, OR: Harvest, 1990), p. 52.

Esto llega a la raíz de nuestra frustración, ¿no es así? Y una de las razones de esta frustración es que hoy día leemos y escuchamos con mucha frecuencia que precisamente Dios es esto: un restaurador divino. Necesitamos discernimiento para ver de dónde viene esta visión falsa de Dios y saber cómo es realmente una "vida transformada" a través de la perspectiva de la Palabra de Dios.

¿Y qué me dices de ti? Si hay un pecado en tu vida que parece que no puedes superar o un objetivo personal que no puedes cumplir, tal vez se deba a que, como en el caso de Zoe, está enraizado en un deseo oculto de permanecer centrada en ti misma. O, como Hayley, tal vez estés tan obsesionada con vencer un pecado en particular que ya no ves más allá de ese pecado y no tienes en cuenta al Salvador. Sea cual sea la situación, cuando nuestros objetivos comienzan y terminan en nosotras mismas, vamos camino a la frustración y el desánimo, y es probable que terminemos buscando alivio en alguna otra cosa (un nuevo método, programa, libro o enseñanza) a través de la cual el Señor nos dé poder. Y cuando hemos llegado a ese punto, nos hemos vuelto vulnerables a numerosas enseñanzas no bíblicas.

*Cuando nuestros objetivos comienzan y terminan en nosotras mismas, vamos camino a la frustración y el desánimo.*

## Discierne

Según Jesús, somos ramas:

> Yo soy la vid verdadera, y mi Padre es el labrador. Todo pámpano [rama] que en mí no lleva fruto, lo quitará; y todo aquel que lleva fruto, lo limpiará, para que lleve más fruto (Jn. 15:1-2).

A algunas de nosotras se nos ha hecho creer que el fruto del que Jesús estaba hablando aquí es la fortaleza o el poder personal. Sin embargo, el poder *de Cristo* es el nutriente que reciben las ramas. Todo el poder reside en la propia vid. La centralidad de Cristo para vivir la vida cristiana ha quedado sepultada en los últimos años por una interpretación del cristianismo denominada "deísmo terapéutico moralista". Es un término complejo, pero es importante comprenderlo porque está en todas partes, incluso dentro de las iglesias.

## Un peligro creciente

El deísmo terapéutico moralista incluye la creencia de que el objetivo principal en la vida es la felicidad personal y una imagen positiva de uno mismo. Ve a Dios como algo distante de la vida cotidiana, pero disponible para resolver problemas y ayudarnos a sentirnos bien con nosotros mismos.[3] Sin embargo, ese dios no es el Dios de la Biblia, ni ese patrón de enseñanza se acerca siquiera al camino de fe establecido en las Escrituras.

Vemos su influencia en una mujer que, abrumada por las preocupaciones y responsabilidades en un día sumamente difícil, busca en sí misma y en sus amigas la fortaleza para perseverar:

> Puede que sienta que no estoy haciendo nada bien, pero eso no significa que sea cierto. El hecho de que tenga debilidades no hace que todo sobre mí sean puntos débiles. Tengo muchos puntos fuertes.
>
> Todo lo que tengo que hacer es pedirle a un par de amigas o miembros de mi familia que me ayuden a ver las cosas que hago bien. Puedo celebrar tales cosas y luego hacer un plan para mejorar aquellas que necesito mejorar. Puedo comenzar por identificar una cosa para mejorar este mes. Y hacer algo para mejorar en eso.[4]

*Hacernos* una evaluación personal, finalmente, no sirve de mucho, y la opinión de las amistades sirve hasta cierto punto. Sin embargo, tratar

---

3. Para obtener una breve explicación resumida del deísmo terapéutico moralista (¡y un diagrama divertido!), consulta Adam Ford, "Moralistic Therapeutic Deism (webcomic)", Adam4d.com, consultado el 5 de julio de 2018, http://adam4d.com/mtd/.

4. Lysa TerKeurst, "From Overpowered to Empowered", sitio web de Proverbs 31 Ministries, consultado el 6 de marzo de 2025, https://proverbs31.org/read/devotions/full-post/2013/01/10/overpowered-empowered-1.

de valernos del poder del Señor para nuestros proyectos de superación personal deshonra al Señor y es una receta para el desánimo.

> Como enseña 2 Corintios 12:9, el poder de Dios se perfecciona en la debilidad. Cuando me estoy hundiendo en pensamientos de insuficiencia… recuerdo que mi habilidad no se basa en lo que puedo hacer. Mi habilidad y fortaleza provienen de Aquel que todo lo puede. Con el Señor que obra en mí y a través de mis debilidades, puedo sentir que se está produciendo una transformación en mí y dejo de ser dominada para estar empoderada.[5]

¿Puedes ver el problema allí? La autora se apropia del poder del Señor. Sí, el Señor dice que el poder se perfecciona en la debilidad, pero es el poder *del Señor* el que se perfecciona. Observa cómo se ha infiltrado este pensamiento erróneo sobre las Escrituras: "*Mi* habilidad y mi fortaleza provienen de Aquel que todo lo puede".

La autora saca el pasaje de la Biblia de su contexto y, por lo tanto, está desacertada en lo esencial. El poder y la fortaleza son siempre y solo del Señor. Él obra con su poder a través de nosotras, pero no *nos* empodera. ¿Ves la diferencia? Seguramente, quiso animar a sus lectoras; pero en este artículo, al menos, se equivoca porque no considera el contexto del pasaje. La conclusión real de 2 Corintios 12:1-10 es que Dios a veces nos permite atravesar situaciones difíciles para humillar nuestro corazón y mostrarnos a través de la dificultad que *Él* es fuerte. Entonces, la enseñanza del versículo que ella cita en realidad es lo opuesto al estímulo que busca obtener de él. Y al hacerlo, acorrala a sus lectoras en la misma frustración de la que tan desesperadamente buscan escapar.

Owen Strachan señala lo siguiente:

> Demasiadas personas hoy día siguen trágicamente a un dios de fantasía. El Dios de las Escrituras no es nuestro *coach* de vida, sino nuestro Señor. Estamos tan acostumbrados a esta palabra [Señor] como cristianos, que pierde su importancia. Este título

---

5. TerKeurst, "From Overpowered to Empowered".

divino significa que Dios es nuestro dueño, nuestro soberano, nuestra máxima autoridad. Él establece las reglas del bien y el mal, y nos llama a dar cuenta de nuestros pecados.[6]

La falsa enseñanza sobre este concepto es la razón por la que tantas de nosotras creemos que el discipulado cristiano es sinónimo de superación personal. Sin embargo, el verdadero discipulado cristiano es un llamado a morir, no a superarnos. Es a lo que Jesús se refería cuando dijo: "El que ama su vida, la perderá; y el que aborrece su vida en este mundo, para vida eterna la guardará" (Jn. 12:25).

Creer que el discipulado está centrado en nuestra propia vida (que se trata de que Dios *nos* ayude a ser mejores) es la razón por la que nos sorprende descubrir que fue Ben Franklin, no Jesús, quien dijo: "Dios ayuda a los que se ayudan a sí mismos". El adagio no bíblico de Franklin se basa en la creencia de que Dios hace su parte si nosotros hacemos la nuestra, que Dios no salva a las personas hasta que primero deciden ser salvas, y que los canales de la bendición de Dios permanecen abiertos mientras nos esforcemos por ser personas buenas. Y donde predomina este pensamiento, también lo hace un impulso de superación personal que apaga la fe.

## Florece

Cuando se trata de la frustración por el fracaso, tenemos que darnos cuenta de la diferencia entre la pregunta que atormenta a Hayley y nos tienta: "¿Por qué Dios no me ayuda?", y la pregunta que hace Pablo en Romanos 7: "¿Quién me librará de este cuerpo de muerte?". Nosotras preguntamos *por qué*, mientras que Pablo pregunta *quién*. Nuestra pregunta expone nuestro foco de atención en nosotras mismas; la de Pablo revela su fe. Nuestra pregunta está dirigida hacia adentro; la de Pablo está dirigida hacia arriba, por ello encuentra la respuesta: "Gracias doy a Dios, por Jesucristo

---

6. Owen Strachan, de la Introducción de *Designed for Joy: How the Gospel Impacts Men and Women, Identity and Practice*, ed. Jonathan Parnell y Owen Strachan (Wheaton, IL: Crossway, 2015), p. 18.

Señor nuestro" (v. 25). Pablo declara con gozo la respuesta, y luego explica cuál es su esperanza:

> Ahora, pues, ninguna condenación hay para los que están en Cristo Jesús, los que no andan conforme a la carne, sino conforme al Espíritu. Porque la ley del Espíritu de vida en Cristo Jesús me ha librado de la ley del pecado y de la muerte (Ro. 8:1-2).

En este poderoso pasaje (Ro. 7:19–8:2), Pablo explica que, ante todo, necesitamos ser librados de la ira de Dios. Y esto es lo que Cristo ha hecho a través de su muerte en la cruz. Jesús aplacó de forma permanente y para siempre la ira de Dios contra nosotros, y como resultado podemos contar con que nos libra del fracaso. Sin embargo, hasta que el pago de Cristo por el pecado haya sido acreditado a nuestra cuenta personal, las pequeñas victorias que experimentamos se parecen más a querer tapar un tumor maligno con una venda adhesiva. Hasta que se nos atribuya la justicia de Cristo, permaneceremos bajo "la ley del pecado y de la muerte". Cuando estamos unidos a Cristo, nos sometemos a una ley muy diferente, "la ley del Espíritu de vida", que nos libera progresivamente de la tiranía de la derrota repetitiva. Entonces, Pablo nos muestra, primero, que somos perdonados, y porque hemos sido perdonados, ahora somos libres.

## Transformadas

Entonces, si estamos *en* Cristo, podemos dejar de poner nuestra atención primero en lo que queremos cambiar de nosotras mismas y, en cambio, considerar cómo Dios ya nos ha cambiado. Dado que nuestro destino eterno está establecido y el Señor está de nuestro lado en cada batalla, no hay necesidad de caer en la frustración, la ira o el desánimo crónicos cuando perdemos una batalla en particular. De hecho, en realidad hay mucho de la misericordia de Dios en nuestra lucha continua y, sí, incluso en nuestros fracasos. Dios obra a través de la lucha y el fracaso para sacarnos de nosotras mismas y llevarnos a depender de Él para una vida plena. Comprender esta verdad nos ayuda a entender por qué Jesús nos llama "ramas":

Yo soy la vid verdadera, y mi Padre es el labrador. Todo pámpano [rama] que en mí no lleva fruto, lo quitará; y todo aquel que lleva fruto, lo limpiará, para que lleve más fruto. Ya vosotros estáis limpios por la palabra que os he hablado. Permaneced en mí, y yo en vosotros. Como el pámpano no puede llevar fruto por sí mismo, si no permanece en la vid, así tampoco vosotros, si no permanecéis en mí. Yo soy la vid, vosotros los pámpanos [las ramas]; el que permanece en mí, y yo en él, este lleva mucho fruto; porque separados de mí nada podéis hacer (Jn. 15:1-5).

No somos el labrador ni la vid. Somos las ramas, completamente dependientes de la vid para todos los aspectos de la vida y productividad. No somos salvas para maximizar nuestro potencial personal y convertirnos en mejores versiones de nosotras mismas. Si eso es lo que buscamos, no es de extrañar que nos sintamos frustradas, enojadas y desanimadas en la lucha. Estar unidas a Cristo, la vid, no mejora nuestro *yo*, sino que lo transforma para que se vea, piense y actúe como Él.

* * * * * * * * * *

*Dios obra a través de la lucha y el fracaso
para sacarnos de nosotras mismas y
llevarnos a depender de Él
para una vida plena.*

* * * * * * * * * *

De hecho, ese *yo*, que tanto queremos cambiar, ya ni siquiera está allí. Cristo tomó ese *yo* con Él cuando murió, y lo hizo de tal manera que nosotras también morimos:

¿O no sabéis que todos los que hemos sido bautizados en Cristo Jesús, hemos sido bautizados en su muerte? (Ro. 6:3).

Por eso la superación personal es inútil: ¡no podemos mejorar algo que ha muerto! En cambio, estamos llamadas a una visión completamente nueva:

> Porque somos sepultados juntamente con él para muerte por el bautismo, a fin de que como Cristo resucitó de los muertos por la gloria del Padre, así también nosotros andemos en vida nueva (Ro. 6:4).

Ser libre de la esclavitud de la superación personal comienza con reconocer que, en Cristo, no queda nada de ese viejo yo para mejorar. Lo único que podemos hacer es dejar ir todo eso. Esto es lo que significa "morir al yo". No se trata de corregir nuestros malos hábitos; es dejar ir todo acerca de nosotras mismas (lo bueno, lo hermoso, lo malo y lo feo) y cooperar con el Espíritu de Dios cuando Él comienza el proceso de hacernos semejantes a Cristo, un proceso que dura toda la vida.

¿Qué hay de esos malos hábitos que queremos cambiar? Experimentaremos paz y gozo en lugar de frustración cuando comencemos a vivir conforme a nuestro estado de transformación. Fuimos con Cristo a su muerte, pero luego resucitamos con Él, lo que nos proporciona una realidad completamente nueva a partir de la cual establecer nuestros objetivos.

Al mismo tiempo, la nueva vida en Cristo no significa quedarnos cruzadas de brazos pasivamente mientras Dios nos transforma. Nuestro impulso de "mejorar" sigue siendo bueno, pero por obra del Espíritu ya está orientado hacia Dios y centrado en Cristo. Eso es lo que nos permite luchar contra el pecado y desarrollar un carácter piadoso ahora y por el resto de nuestras vidas.

> Si, pues, habéis resucitado con Cristo, buscad las cosas de arriba, donde está Cristo sentado a la diestra de Dios. Poned la mira en las cosas de arriba, no en las de la tierra. Porque habéis muerto, y vuestra vida está escondida con Cristo en Dios. Cuando Cristo, vuestra vida, se manifieste, entonces vosotros también seréis manifestados con él en gloria (Col. 3:1-4).

## Verdadero discipulado

Entonces, ¿cómo pasamos de los viejos e infructuosos objetivos de superación personal a los nuevos objetivos centrados en Cristo? En el trajín de la vida diaria, necesitamos saber cómo estas importantes verdades espirituales se traducen en una realidad práctica. En el pasaje que acabamos de leer, Colosenses 3:1-4, Pablo nos explica cómo. Primero, buscar "las cosas de arriba", lo que significa hacer de las prioridades de Dios nuestras prioridades. Segundo, poner nuestra atención en Cristo y en todo lo que las Escrituras nos presentan acerca de la vida en el reino de Dios. Pablo revela, en algunas de sus otras cartas, el vínculo entre nuestros pensamientos y el crecimiento espiritual:

> Porque los que son de la carne piensan en las cosas de la carne; pero los que son del Espíritu, en las cosas del Espíritu. Porque el ocuparse de la carne es muerte, pero el ocuparse del Espíritu es vida y paz (Ro. 8:5-6).

Y en Romanos 12 leemos lo siguiente:

> Así que, hermanos, os ruego por las misericordias de Dios, que presentéis vuestros cuerpos en sacrificio vivo, santo, agradable a Dios, que es vuestro culto racional. No os conforméis a este siglo, sino transformaos por medio de la renovación de vuestro entendimiento, para que comprobéis cuál sea la buena voluntad de Dios, agradable y perfecta (vv. 1-2).

No es mejorar nuestro yo el sacrificio al que el Señor nos llama; sino olvidarnos de nosotras mismas por completo y vivir para Él. No podemos hacerlo por nuestra cuenta, pero en Cristo podemos hacerlo progresivamente a medida que pensamos en las cosas de Dios: su Palabra, sus caminos y su pueblo. Quienes hagan de este su objetivo no se arrepentirán; de hecho, llegarán a ver que cambiar su foco de atención de sí mismos a Cristo conduce a la vida plena que les ha costado lograr durante tanto tiempo.

El discipulado no consiste primero en hacer, sino en llegar a ser. Sí, por supuesto que debemos hacer, pero en Cristo, lo que hacemos fluye de lo que ya hemos llegado a ser. En otras palabras, no *hacemos* para llegar a ser. *Llegamos a ser* para hacer. El discipulado es sencillamente el proceso, facilitado por el Espíritu, de apartarnos del pecado en todas sus manifestaciones y parecernos cada vez más al Salvador. Puedes dejar de lado la superación personal y buscar el fruto de la salvación, "porque Dios es el que en vosotros produce así el querer como el hacer, por su buena voluntad" (Fil. 2:13).

# LIBRE DEL AUTOANÁLISIS

Sandra se siente apesadumbrada y no está muy segura de qué hacer al respecto. Nada está terriblemente mal; es solo que todo parece muy aburrido. Después de diez años de matrimonio, se considera bendecida por el amor de su marido. Un hombre siempre amable, considerado con los deseos de ella y paciente con sus crecientes ataques de mal humor. Pero cuando Sandra es sincera consigo misma, tiene que admitir que está un poco aburrida del temperamento tan equilibrado de su esposo. Ya no hay nada en él que encienda sus pasiones.

Además, la rutina diaria se ha vuelto monótona, y un presupuesto ajustado restringe incluso la posibilidad de hacer el más mínimo cambio, y mucho menos un cambio significativo. Una escapada de fin de semana sería de gran ayuda, imagina Sandra, pero se conformaría con comprarse un suéter nuevo para pasar las semanas de invierno restantes.

Hasta hace poco, Sandra esperaba los fines de semana como un bienvenido descanso del tedio de la vida cotidiana, pero los fines de semana tiene que ir a la iglesia, lo que últimamente solo ha servido para alimentar su desánimo. La misma liturgia, la misma gente, los mismos problemas… ya no saca nada bueno de eso.

—Tiene que haber más en la vida —les confió recientemente a sus amigas mientras tomaban un café.

—No creo que tu vida sea el problema —respondió una de sus amigas—. Me parece que estás deprimida. Tal vez tus niveles de serotonina estén demasiado bajos.

—Siempre pensé que ibas a lo seguro al casarte con Jorge —dijo otra amiga—. Es un buen hombre, sin duda, pero nunca ha tenido tu misma pasión por la vida o tu mismo deseo de experimentar todo lo que la vida ofrece. Detesto decirlo, pero este matrimonio te limita. Está bien reconocer que cometiste un error. Mejor ahora que después de tener hijos.

Finalmente, tomó la palabra una amiga de la iglesia.

—¡Nada de eso está bien! Tu vida cristiana parece aburrida porque no le estás confiando todo eso a Dios. ¡Dios te ama! ¿Has dejado de creer que Él quiere tu felicidad? Sin embargo, Él puede darte experiencias nuevas y emocionantes si tan solo crees.

Entonces, ¿cuál es el problema? ¿Es el matrimonio de Sandra, un desequilibrio hormonal o una falta de confianza en que Dios puede darle una vida feliz? ¿Y cuál de las amigas de Sandra tiene razón o ninguna de ellas?

## Profundiza

*¿Quién soy? ¿Qué quiero? ¿Qué siento?* Guiarnos en la vida por medio de esas preguntas conduce al caos. Esto se debe a que las respuestas que hoy nos parecen las mejores, probablemente, parezcan incorrectas cuando evaluemos nuestros sentimientos mañana. Con el tiempo, nos paralizamos ante la tarea imposible de determinar qué opciones de hoy nos harán más felices mañana y los días siguientes.

Mientras escribía este capítulo, encontré un artículo que resume muy bien lo que estoy tratando de expresar aquí:

Una preocupación obsesiva por lo que pensarán los demás y un temor paralizante al fracaso van de la mano, y ambos son síntomas de una vida de excesivo análisis. Muchos de los que viven haciendo análisis van y vienen de un trabajo a otro, de un amigo a otro, de un lugar a otro. Esto puede parecer aventurero al principio, pero lo que suele estar detrás de este desarraigo es una necesidad compulsiva de satisfacción en cada etapa de la vida. En lugar de perderse en las alegrías de lo rutinario, lo habitual y lo cotidiano, estas almas errantes buscan constantemente la felicidad en su propio estado emocional, sin darse cuenta de que tal preocupación por sí mismos es, en principio, exactamente lo que tiende a matar la felicidad.[1]

La causa de la pesadumbre de Sandra no es su matrimonio, ni su rutina ni su iglesia. Está desanimada porque ha hecho de sus emociones la medida de su bienestar. En el proceso, está dañando no solo su vida y sus relaciones, sino también su fe. El problema de Sandra se ve agravado por amigas bien intencionadas, pero equivocadas, cuyos consejos solo la empujan más hacia sí misma y la alejan del Dios de las Escrituras.

*Si nos obsesionamos con la felicidad misma, nos eludirá todos los días de nuestra vida.*

Es natural querer encaminar nuestra vida por sendas que prometen felicidad. Después de todo, Dios es quien nos creó con la capacidad de ser felices, pero la felicidad es meramente un fruto, un subproducto, de algo que no está en nosotras. Con demasiada facilidad la convertimos en la búsqueda final de la vida cuando, en

---

1. Samuel James, "The Hyper-Examined Life Is Not Worth Living in 2017", sitio web de The Gospel Coalition, 30 de diciembre de 2016, consultado el 23 de enero de 2018, https://www.the gospel coalition.org/article/the-hyper-examined-life-is-not-worth-living/.

realidad, la alcanzamos solo cuando buscamos al Señor. Por eso, si nos obsesionamos con la felicidad misma, nos eludirá todos los días de nuestra vida.

Cuando gobiernan los sentimientos, corremos el riesgo de pensar que cualquier cosa que nos haga sentir bien debe de ser la voluntad de Dios. Así dirigimos la brújula de nuestra vida y nuestras peticiones de oración hacia las circunstancias que parecen más indicadas para lograrlo. Cuando gobiernan los sentimientos, estos determinan las decisiones que tomamos (o no tomamos) y las personas a las que servimos (o no servimos). Cuando gobiernan los sentimientos, terminamos por tergiversar las verdades de la Palabra de Dios para que se adapten a nuestros deseos, y solo seguimos los caminos de Dios que no interfieren con nuestra zona de comodidad emocional. El resultado es una vida infructuosa y caótica. La paz y la estabilidad provienen de reorientar nuestra vida (incluidos nuestros sentimientos) hacia afuera y hacia arriba.

## Discierne

La preeminencia de los sentimientos ha llegado, en los últimos años, a dictar las leyes de nuestra tierra. En algunos lugares, ahora es ilegal que el propietario de un negocio realice operaciones de alguna manera que pueda ofender los sentimientos de los clientes. También hay nuevas leyes que protegen la identidad de género autodefinida. A un hombre se le permite usar el baño de damas porque *siente* que es una mujer, y las personas deben identificarlo como *mujer* o corren el riesgo de que se las condene al ostracismo o las despidan de sus trabajos. Estas leyes indican que la comprensión tradicional de la moralidad se ha invertido para proteger los sentimientos de subculturas particulares. La sociedad mayoritaria cree cada vez más que es inmoral oponerse al matrimonio homosexual y al derecho de la mujer a elegir y exponer a los estudiantes universitarios a ideas polarizadoras. Todo esto hace eco del apóstol Pablo, quien dijo que tales personas "no solo las hacen [cosas malas], sino que también se complacen con los que las practican" (Ro. 1:32).

*Cuando gobiernan los sentimientos, corremos el riesgo de pensar que cualquier cosa que nos haga sentir bien debe de ser la voluntad de Dios.*

La devastación que todo esto ha causado sobre la generación posterior a los *millennials*, la llamada *generación Z*, ya es evidente. Un número cada vez mayor de colegios y universidades ofrecen "espacios seguros" y salas de plástico de burbujas donde los estudiantes pueden protegerse de las ideas perturbadoras y hacer personajes de dibujos animados con plastilina. No se necesita haber estudiado en una universidad prestigiosa para darse cuenta de que eso no prepara en absoluto a los jóvenes para los rigores de la vida en el mundo real. Sin embargo, algunas de las instituciones académicas más prestigiosas de la actualidad están liderando estas iniciativas. El clamor cultural más fuerte hoy día es esta demanda de proteger los *sentimientos* de los individuos a toda costa.

## Los sentimientos y la fe

Todo esto ha llevado a un cambio radical en nuestra forma de pensar como cristianos, cómo pensamos en nosotras mismas y en lo que significa ser cristiano. Numerosos recursos de autoayuda, incluidos algunos de editoriales evangélicas, reflejan la mentalidad cultural y nos aconsejan, aunque sea sutilmente, a no buscar primero lo que es mejor para nuestra comunidad o iglesia o incluso nuestra familia, sino lo que consideramos mejor para nosotras mismas. Como resultado, no vemos nada de malo en aspirar más a la gratificación personal que a la gloria de Dios en los planes y las elecciones que hacemos, en parte porque creemos que nuestra felicidad terrenal es la forma principal en que se manifiesta la gloria de Dios. Aquí hay un extracto de un libro popular:

Nuestro Dios feliz quiere hijos felices. Eres su *imago Dei*. Llevas el ADN de tu Dios santo y feliz… Dios es el inventor de la felicidad y su principal difusor. Cuando deseas la felicidad, no eres un hereje que busca placer. Estás respondiendo a algo integrado a tu alma. Tu deseo de vivir feliz no es un defecto. Es el recuerdo que tiene tu alma del paraíso original, impreso y vivo en ti… Por eso al orar digo: "Venga tu feliz reino, así en la tierra como en el cielo". Sin duda, nuestras infelicidades y caras largas serán confiscadas a las puertas del cielo. ¿Por qué no comenzamos con nuestra herencia de felicidad ahora mismo? Sí, Dios nos ordena que tomemos nuestra cruz y caminemos por el camino angosto a nuestro hogar celestial… Algunas de las mejores lecciones que aprendemos en esta vida acontecen en los lugares más difíciles e infelices de la tierra… Sin embargo, no encontramos a Dios solo en la adversidad, sino también en la felicidad. *Este descubrimiento de nuestro Jesús feliz me llevó a leer las Escrituras de una manera completamente nueva y examinar mi propia vida a través del prisma de la felicidad de Cristo*. Este descubrimiento me hizo sentir viva y animada, y algo radiante por dentro".[2]

Sin duda, es cierto que no encontramos a Dios solo en la adversidad. Sin embargo, cuando la felicidad es nuestro objetivo principal, podemos tener la tentación de leer las Escrituras a través de ese lente y tergiversar la verdad en el proceso. La Biblia indica de principio a fin que la felicidad en el aquí y ahora *no* es el objetivo principal de Dios para su pueblo. De hecho, se preocupa tanto por nuestra felicidad eterna que sacrificará nuestra felicidad terrenal si es necesario para asegurarla. Ciertamente, Dios no se deleita en nuestra desdicha; le importa mucho cómo nos sentimos, pero su intención para nuestra felicidad es radicalmente distinta a lo que leemos en algunos libros *best seller* actuales. Es así como Dios nos hace felices:

---

2. Jennifer Dukes Lee, *The Happiness Dare* (Carol Stream, IL: Tyndale Momentum, 2016), pp. 33-34; énfasis agregado.

En él asimismo tuvimos herencia, habiendo sido predestinados conforme al propósito del que hace todas las cosas según el designio de su voluntad, *a fin de que seamos para alabanza de su gloria, nosotros los que primeramente esperábamos en Cristo* (Ef. 1:11-12).

Como vemos allí, el objetivo de Dios, que obra en y a través de nuestras vidas, es su propia gloria, y a través de su obra en nuestras vidas, nos revela esta gloria a nosotras y al mundo que nos rodea. En otras palabras, la gloria de Dios *es* nuestra felicidad, y en la medida en que fijemos nuestra atención en Él y no en cómo nos sentimos, llegaremos a saber de primera mano qué tan cierto es esto.

* * * * * * * * * *

*La gloria de Dios es nuestra felicidad, y en la medida en que fijemos nuestra atención en Él y no en cómo nos sentimos, llegaremos a saber de primera mano qué tan cierto es esto.*

* * * * * * * * * *

Por eso podemos dejar de tomarnos la temperatura emocional todo el tiempo. Nuestros sentimientos no determinan nuestro bienestar, por lo que no es necesario manipular nuestras vidas para sentirnos bien. Cristo nos ha librado de todas esas búsquedas internas y exigencias externas. No estamos destinadas a desperdiciar nuestra vida en busca del placer personal, porque Dios lo es todo, y todas nuestras diversas insatisfacciones y decepciones están diseñadas para dejar esto claro.

Aprendemos esto de cómo Dios trató con su pueblo en la Biblia.

## *Medita sobre tus caminos*

Si estás familiarizada con la historia del Antiguo Testamento, entonces es probable que sepas lo que sucedió al pueblo de Dios cuando se negó a prestar atención a las muchas advertencias de juicio y a arrepentirse de sus pecados: se los llevaron cautivos de su tierra natal y los obligaron a vivir en Babilonia por muchos años. Conocemos este tiempo en la historia de Israel como "el exilio". Después de setenta años, se les permitió a los israelitas volver a su tierra, pero cuando regresaron, encontraron su ciudad, la anteriormente gloriosa Jerusalén, en ruinas. Lo peor de todo, el templo había sido destruido. Este fue un gran problema porque en aquellos días el templo era el lugar donde Dios se reunía con su pueblo. Así que los exiliados que regresaron comenzaron la ardua tarea de reconstruirlo, pero el trabajo era duro y se encontraron con un obstáculo tras otro.

Se desanimaron y, con el tiempo, empezaron a perder el interés por la reconstrucción, y luego cesaron por completo cuando pusieron su atención en otras expectativas que proporcionaban una gratificación más inmediata. En poco tiempo, estaban completamente absortos en la tarea de reconstruir sus propias casas, en lugar de reconstruir la casa del Señor, y en buscar un estilo de vida placentero. Sin embargo, esos esfuerzos también resultaron decepcionantes. Los israelitas habían vuelto a su tierra, pero todavía estaban descontentos. Fue entonces cuando el profeta Hageo vino a ellos con una palabra del Señor:

> ¿Es para vosotros tiempo, para vosotros, de habitar en vuestras casas artesonadas, y esta casa está desierta? Pues así ha dicho Jehová de los ejércitos: Meditad bien sobre vuestros caminos. Sembráis mucho, y recogéis poco; coméis, y no os saciáis; bebéis, y no quedáis satisfechos; os vestís, y no os calentáis; y el que trabaja a jornal recibe su jornal en saco roto (Hag. 1:4-6).

Dios les pide a los israelitas que piensen, que reflexionen sobre el propósito por el cual están vivos. Han puesto su propia casa por delante de la de Él, el goce de los placeres personales por encima del

placer de su presencia. Aquí, Él es quien pide un poco de autoanálisis. Les está abriendo los ojos al hecho de que su búsqueda de una
buena vida no está dando sus frutos. Cada placer que han obtenido
ha terminado por ser decepcionante.

Entonces les llega otra vez un llamado al autoanálisis:

Así ha dicho Jehová de los ejércitos: Meditad sobre vuestros
caminos. Subid al monte, y traed madera, y reedificad la casa; y
pondré en ella mi voluntad, y seré glorificado, ha dicho Jehová.
Buscáis mucho, y halláis poco; y encerráis en casa, y yo lo disiparé
en un soplo. ¿Por qué? dice Jehová de los ejércitos. Por cuanto mi
casa está desierta, y cada uno de vosotros corre a su propia casa
(Hag. 1:7-9).

Ese es el tipo de autoanálisis que es constructivo, el que Dios nos
llama a hacer. El autoanálisis bíblico nos aleja de nosotras mismas y
nos acerca a Dios. En los días de Hageo, una evaluación precisa de
las circunstancias era el instrumento de Dios para abrir los ojos del
corazón de las personas con el fin de que comprendieran por qué Él
no estaba bendiciendo sus esfuerzos de prosperar. De hecho, estaba
estorbando sus esfuerzos.

*El autoanálisis bíblico nos aleja de
nosotras mismas y nos acerca a Dios.*

Sus casas artesonadas no eran el problema principal. La preocupación de Dios era que priorizaran sus casas y al resto de sus propias
comodidades antes que a Él y su gloria. Si ponían a Dios en primer
lugar, sus circunstancias cambiarían y Dios estaría con ellos mientras se esforzaban por terminar la obra que les había encomendado
(v. 13). Siempre es así como funciona: estamos destinados a cumplir

las demandas de Dios sobre nuestra vida con las fuerzas que Él nos proporciona.

En los días de Hageo, el pueblo no debía mirar hacia atrás, a las bendiciones del pasado, ni hacia adentro, a su estado de ánimo y sus deseos; sino hacia adelante, con los ojos puestos solo en Él. De modo que el pueblo escuchó y se puso a trabajar en la casa del Señor, y esto es lo que sucedió:

Meditad, pues, en vuestro corazón, desde este día en adelante, desde el día veinticuatro del noveno mes, desde el día que se echó el cimiento del templo de Jehová; meditad, pues, en vuestro corazón. ¿No está aún la simiente en el granero? Ni la vid, ni la higuera, ni el granado, ni el árbol de olivo ha florecido todavía; *mas desde este día os bendeciré* (Hag. 2:18-19).

Jesús dijo algo similar mucho más adelante: "Mas buscad primeramente el reino de Dios y su justicia, y todas estas cosas os serán añadidas" (Mt. 6:33). Si no estamos satisfechas con el resultado de nuestras vidas, ¿podría ser por esto? ¿Estamos tan absortas en perfilar nuestras vidas para sentirnos felices, que hemos perdido de vista la demanda que Dios nos hace? El autoanálisis es bueno y correcto cuando lo hacemos a la luz de las Escrituras. Es destructivo y pecaminoso cuando el único objetivo de indagar en nuestro interior es solo la felicidad personal.

## Florece

Si hemos estado persiguiendo caminos de felicidad que nunca nos llevan a alcanzar lo que prometen, estamos en condiciones de escuchar el llamado de Hageo: "Meditad sobre vuestros caminos" (1:7). Para algunas de nosotras, eso significa preguntarse: "¿Qué estoy haciendo?" en lugar de: "¿Cómo me siento?". Para otras, significa examinar la posibilidad de que el discipulado bíblico haya descendido abruptamente en nuestra lista de prioridades.

Las palabras de Jesús acerca de buscar primero el reino de Dios se encuentran en el Sermón del Monte, y esta sección particular de su sermón (Mt. 6:19-34) señala lo que hemos estado abordando aquí. "No os afanéis por vuestra vida", dice (v. 25), y ¿no es exactamente eso lo que nos angustia (nos produce afán) cuando estamos atrapadas en nuestro bienestar emocional? Jesús no nos deja abandonadas allí, con un mandato que parece imposible de obedecer. Nos dice que podemos dejar de pensar con afán en nosotras mismas porque Dios ya sabe todo lo que necesitamos (v. 32), y Él suple las necesidades de los suyos (vv. 26, 30). Dios se deleita en bendecir a aquellos que confían en Él (v. 33), de modo que dejar de lado nuestros intereses personales y ponerlo a Él primero es definitivamente un paso de fe. No podemos tener las dos cosas, advierte. Podemos servir al reino de Dios o a nuestro anhelo de felicidad personal: "Ninguno puede servir a dos señores; porque o aborrecerá al uno y amará al otro, o estimará al uno y menospreciará al otro" (v. 24), y lo que elegimos revela lo que más amamos, "porque donde esté vuestro tesoro, allí estará también vuestro corazón" (v. 21).

## ¡Haz este análisis!

Confiar en el Señor nos libera del tipo de autoanálisis que no va más allá de nuestras emociones y deseos, y nos guía a participar en el tipo de análisis que conduce a una vida fructífera porque se rige por la Palabra de Dios y cuenta con la ayuda del Espíritu Santo. Y la Biblia nos brinda algunos detalles de este tipo de autoanálisis bueno y hacia dónde nos conduce.

Un autoanálisis fructífero conduce a una visión correcta de la realidad:

> ¿Quién *conoce* el poder de tu ira,
> Y tu indignación según que debes ser temido?
> Enséñanos de tal modo a contar nuestros días,
> Que traigamos al corazón sabiduría (Sal. 90:11-12).

> *Miré* yo luego todas las obras que habían hecho mis manos, y el trabajo que tomé para hacerlas; y he aquí, todo era vanidad y aflicción de espíritu, y sin provecho debajo del sol (Ec. 2:11).

En el día del bien goza del bien; y en el día de la adversidad *considera*. Dios hizo tanto lo uno como lo otro, a fin de que el hombre nada halle después de él (Ec. 7:14).

Porque el que se cree ser algo, no siendo nada, a sí mismo se engaña. Así que, cada uno *someta a prueba* su propia obra, y entonces tendrá motivo de gloriarse solo respecto de sí mismo, y no en otro (Gá. 6:3-4).

Un autoanálisis fructífero revela nuestras áreas de pecado, dónde necesitamos arrepentirnos para despertar a nuestra profunda necesidad del Salvador:

*Escudriñemos nuestros caminos*, y busquemos, y volvámonos a Jehová (Lm. 3:40).

Un autoanálisis fructífero revela si verdaderamente creemos en el evangelio:

*Examinaos a vosotros mismos* si estáis en la fe; probaos a vosotros mismos. ¿O no os conocéis a vosotros mismos, que Jesucristo está en vosotros, a menos que estéis reprobados? (2 Co. 13:5).

Este tipo de autoanálisis piadoso nos aleja de nuestra vida terrenal y nos acerca cada vez más a Cristo y nuestra vida en Él:

Así también vosotros *consideraos* muertos al pecado, pero vivos para Dios en Cristo Jesús, Señor nuestro (Ro. 6:11).

De manera que cualquiera que comiere este pan o bebiere esta copa del Señor indignamente, será culpado del cuerpo y de la sangre del Señor. Por tanto, *pruébese* cada uno a sí mismo, y coma así del pan, y beba de la copa (1 Co. 11:27-28).

Pues en cuanto él mismo padeció siendo tentado, es poderoso para socorrer a los que son tentados. Por tanto, hermanos santos, participantes del llamamiento celestial, *considerad* al apóstol y sumo sacerdote de nuestra profesión, Cristo Jesús (He. 2:18–3:1).

*Considerad* a aquel que sufrió tal contradicción de pecadores contra sí mismo, para que vuestro ánimo no se canse hasta desmayar. (He. 12:3).

Cuando el Espíritu reenfoca los ojos de nuestro corazón y dirige nuestra mirada interior hacia afuera y hacia arriba, nuestros deseos cambian y nos convertimos en personas apasionadas por Dios y sus intereses:

Solamente temed a Jehová y servidle de verdad con todo vuestro corazón, pues *considerad* cuán grandes cosas ha hecho por vosotros (1 S. 12:24).

Bienaventurado el que *piensa* en el pobre;
En el día malo lo librará Jehová (Sal. 41:1).

Los impíos me han aguardado para destruirme;
Mas yo *consideraré* tus testimonios (Sal. 119:95).

Ve a la hormiga, oh perezoso,
*Mira* sus caminos, y sé sabio (Pr. 6:6).

*Considerad* los cuervos, que ni siembran, ni siegan; que ni tienen despensa, ni granero, y Dios los alimenta. ¿No valéis vosotros mucho más que las aves? (Lc. 12:24).

Y *considerémonos* unos a otros para estimularnos al amor y a las buenas obras (He. 10:24).

Acordaos de vuestros pastores, que os hablaron la palabra de Dios; *considerad* cuál haya sido el resultado de su conducta, e imitad su fe (He. 13:7).

Una vida encerrada en sí misma, que analiza y evalúa cada cambio de humor y cada deseo, es una vida atrofiada y sin alegría. ¿Por qué vivir así, aunque sea un día más? En Cristo se encuentra la vida plena que prometió: "Yo he venido para que tengan vida, y para que la tengan en abundancia" (Jn. 10:10).

# CAPÍTULO 4

# LIBRE DE LOS EXCESOS Y LA FALTA DE MODERACIÓN

El autocuidado se ha convertido en un fenómeno. La tendencia se impuso al apelar a la necesidad: no puedes cuidar de los demás si primero no te cuidas a ti mismo. Entonces, antes que podamos amar a nuestro esposo e hijos, o atender las necesidades de los que sufren o ejercer nuestros dones espirituales, debemos cuidar de nuestro propio estado físico, psicológico y emocional. Desde luego que es sabio ser buenas administradoras de nosotras mismas, pero el auge que ha adquirido a menudo va en contra de la mayordomía que Jesús promueve: "Todo el que procure salvar su vida, la perderá; y todo el que la pierda, la salvará" (Lc. 17:33). A la luz de las enseñanzas de Jesús, parte de lo que comprende la tendencia actual del autocuidado se parece más al hedonismo —una actitud vital que se basa en la búsqueda de placer— marcado por los excesos y la falta de moderación.

Cuando se plantea el tema de los excesos y la falta de moderación, las personas que vivimos en sociedades marcadas por el lujo pensamos principalmente en comer en exceso. Sin embargo, comer en exceso es solo una faceta de la falta de moderación.

## Profundiza

Entonces, ¿cuál es el problema? La falta de moderación no parece tan mala cuando la comparamos con pecados como el racismo y el asesinato. De hecho, las oportunidades para darse un capricho se consideran una bendición. Es una recompensa por el trabajo duro, una celebración por los logros personales y el pensamiento arraigado de que "te lo mereces". Sí, claro, podemos ir demasiado lejos con ese pensamiento, como podrían indicarlo la balanza o el bajo saldo bancario; pero en general, consideramos que darse un capricho es bueno si lo mantenemos bajo control. Esta forma de pensar es la razón por la que no entendemos cabalmente el significado de las palabras de Pablo sobre cierto tipo de mujer: "La que se entrega a los placeres, viviendo está muerta" (1 Ti. 5:6).

Pablo escribió esas palabras cuando aconsejó a Timoteo sobre el cuidado de las viudas de la iglesia, y su instrucción es que las que tienen una falta de moderación y se entregan a los placeres no deben recibir ayuda práctica. El hecho de que la iglesia negara ayuda a estas viudas arroja luz sobre la gravedad de los excesos y la falta de moderación, pero aún más revelador es el vínculo que Pablo establece allí entre vivir para los placeres y la muerte espiritual. Está claro aquí que aquellas personas que viven para sí mismas y para la gratificación de sus apetitos carnales y terrenales no pueden vivir de manera simultánea para Cristo. Incluso, aunque no practiquemos un estilo de vida de excesos y falta de moderación, cuando caemos en algún exceso somos conscientes del tipo de muerte a la que se refiere Pablo. Cuando nos saciamos de las cosas de este mundo (placeres y comodidades de cualquier tipo), nos volvemos personas espiritualmente perezosas. Nuestra vida de oración, la lectura de las Escrituras y todas las delicias de pertenecer a Dios parecen distantes y aburridas cuando priorizamos nuestro tiempo y nuestras actividades para satisfacer nuestros apetitos. ¿No hemos tenido todas al menos una probadita de las palabras de Pablo? "La que se entrega a los placeres, viviendo está muerta".

> *Cuando nos saciamos de las cosas*
> *de este mundo (placeres*
> *y comodidades de cualquier*
> *tipo), nos volvemos personas*
> *espiritualmente perezosas.*

## Discierne

Entendemos lo que significa satisfacer nuestros apetitos físicos. Es más difícil reconocer los excesos en nuestra mente y nuestras emociones y los medios que utilizamos para ello. Cuando observamos cómo la tendencia del autocuidado se ha convertido en una industria en auge, empezamos a captar la idea.

### Estrategias para el estrés

Podemos ver la tendencia en la reciente moda de los libros para colorear para adultos, cuya popularidad, en cierta medida, es el resultado de que se los ha relacionado con el autocuidado. Hay una selección interminable de libros para colorear para adultos, e incluso hay Biblias para colorear para aquellas personas cuya vida devocional necesita un impulso que la estimule. En los últimos años, los editores los han estado promocionando hasta clasificar las ventas de tales libros en los primeros puestos de las listas de los libros más vendidos, en algunos casos porque se comercializan como un medio de crecimiento espiritual. Tim Challies escribe:

De alguna manera, colorear ha pasado de ser un pasatiempo a una forma de espiritualidad, de un pasatiempo a una disciplina espiritual… A Dios le agrada que disfrutemos de los pasatiempos, pero no hay ninguna razón celestial o terrenal para elevar la práctica de colorear al nivel de la oración, la meditación o la disciplina espiritual. Lo mismo se aplica a cualquier otro pasatiempo o cualquier otra actividad. Si colorear un libro se convierte en una forma de espiritualidad, llega a ser tanto una distracción como un peligro.[1]

Ciertamente, no hay nada de malo en relajarse con algunos crayones, pero sí lo hay si llegamos a *depender* de los libros para colorear para reducir nuestro estrés. Y si llegamos a perder interés en la lectura de la Biblia sin los lápices de colores, colorear se ha vuelto mucho más de lo que debería ser. Lo que comienza como una práctica de autocuidado puede transformarse en un hábito de pereza, en la que no estamos dispuestas a esforzarnos sin algún alivio placentero que lo acompañe.

En el otro extremo del espectro, están las madres que trabajan demasiado y están agotadas, y otras cuyo trabajo dura todo el día y la noche sin descanso. Su paciencia se pone a prueba todos los días, por lo que disfrutar de unos minutos de paz y tranquilidad, cualquiera sea el vehículo disponible, desde luego es una bendición, algo que se debe aprovechar siempre que sea posible. Sin embargo, cuando permitimos que esas temporadas de excesivas ocupaciones nos conviertan en personas egoístas y exigentes en nuestra lucha por un "tiempo para mí", tenemos un problema. Y aunque ciertamente hay situaciones y relaciones en las que necesitamos establecer límites y salvaguardar nuestra cordura, no floreceremos si pasamos por alto que Dios está obrando en medio de nuestra ajetreada rutina:

Hermanos míos, tened por sumo gozo cuando os halléis en diversas pruebas, sabiendo que la prueba de vuestra fe produce paciencia. Mas tenga la paciencia su obra completa, para que seáis perfectos y cabales, sin que os falte cosa alguna (Stg. 1:2-4).

Santiago ve las dificultades, que incluyen etapas caóticas de la vida, como pruebas de fe que Dios usa para hacer que maduremos

---

1.   Tim Challies, "On Christian Coloring Books and Meaningful Hobbies", Challies.com, 9 de febrero de 2017, consultado el 6 de marzo de 2018, https://www.challies.com./articles/on-christian-coloring-books-and-meaningful-hobbies/.

y nos enriquezcamos. Si pasamos por alto esa verdad, y en cambio entramos en pánico por nuestra agenda diaria mientras escuchamos y atendemos todas las advertencias acerca de no practicar el autocuidado, podemos perder de vista las palabras de Santiago o incluso intentar rechazar una prueba de la fe, en busca de un remedio que ofrezca una recompensa más inmediata.

Cuando se trata de manejar el agotamiento, algunas mujeres han recurrido a su "propio espacio" en el patio trasero, una dependencia privada hecha por ellas mismas, la versión femenina de la "cueva" tradicional del hombre, donde pueden escapar del caos diario. Seguramente, puede resultar muy bueno retirarse a un espacio privado durante algunas horas para estar tranquilas, y basta con hacer una búsqueda rápida en Pinterest para ver cuán creativos y hermosos pueden ser esos espacios. De modo que, desear un espacio privado no es un exceso (aunque podría serlo, si te gastas una cantidad excesiva de dinero en crear ese espacio), pero *es* egoísta exigir uno. Y no estamos cuidando de nosotras mismas o de cualquier otra persona si llegamos a creer que un escondite en el patio trasero es un requisito previo para preparar la cena con buen ánimo.

Algunas no practican el autocuidado con momentos solitarios, sino con la búsqueda de consejo. ¡Y eso es bueno! Dios nos diseñó para necesitarnos unas a otras, para dar y recibir orientación y ayuda para las diversas dificultades de la vida. Sin embargo, no es tan bueno buscar consejo principalmente en libros de autoayuda y sitios web enfocados en la espiritualidad, en lugar de acudir a una iglesia local. Pertenecer a un cuerpo particular de creyentes, no solo con la asistencia al culto dominical, sino también con la convivencia en unidad, es la providencia principal de Dios para nuestro crecimiento y estímulo. Dios diseñó la iglesia para que funcione como un cuerpo, donde cada miembro trabaje para apoyar a todos los demás y se genere una buena salud en general (ver 1 Co. 12:12-27; Ef. 4:11-16). Así que, por supuesto, podemos buscar y encontrar un buen consejo fuera de nuestra iglesia, pero no debemos permitir que ese consejo externo reemplace a nuestra iglesia. Para las mamás y directoras ejecutivas exhaustas y para todas las mujeres en general, Dios tiene la intención de que nuestro florecimiento ocurra principalmente en el contexto de una iglesia local.

## ¿Necesitamos un coach de vida?

La desventaja de los sitios web evangélicos, incluso los que son sólidos, es que el acceso tan fácil a contenido útil ha ocultado de nuestra vista la vitalidad que proviene solo de la vida de iglesia real y no virtual. No obstante, los sitios web no son la única distracción. Podemos distanciarnos de la vida recíproca de la iglesia si dedicamos demasiado tiempo a un "*coach* de vida". Hoy se nos alienta a tener nuestro propio *coach* de vida, alguien capacitado y certificado que nos ayude a llegar a ser la mejor versión de nosotras mismas.

Quienes se convierten en un *coach* de vida desean ayudar y animar a otros a maximizar su potencial presente y futuro. Específicamente, los *coach* de vida cristianos intentan lograrlo mediante una capacitación basada en los principios bíblicos. Sin embargo, el concepto en general puede interferir con la forma en que la iglesia debe funcionar. Estamos llamados, como un cuerpo colectivo, a ayudarnos unos a otros, no para maximizar nuestro potencial personal, sino para volvernos personas más centradas en Cristo y enfocadas en el reino.

* * * * * * * * * * *

*Estamos llamados… a ayudarnos unos a otros, no para maximizar nuestro potencial personal, sino para volvernos personas más centradas en Cristo y enfocadas en el reino.*

* * * * * * * * * * *

Desde luego que hay lugar para el *coaching* de vida, y sin duda ayuda a muchos. Una universidad cristiana ha ofrecido un programa de certificación llamado "Capacitación básica para el *coach* de vida", que está diseñado para enseñar a los estudiantes a ayudar a los "adultos implicados en problemas judiciales" que buscan reingresar a la sociedad después de estar presos.[2] Es una excelente misión muy distinta del tipo de *coaching* de vida que practican algunos defensores del autocuidado. Si estamos considerando participar en el *coaching* de vida, ya sea para capacitarnos o capacitar a otros, es prudente examinar si el programa que tenemos en mente se enfoca en ayudar a los demás o nos llevará a centrarnos más en nosotras.

El escollo principal a evitar es la perspectiva de Jesús como un *coach* de vida tal como se lo muestra aquí:

> Cuando Jesús, tu *Coach* de vida personal, te mire, te hará una pregunta: "¿Qué quieres que haga por ti?". Esa fue la pregunta que hizo una y otra vez en su ministerio… Jesús te está pidiendo que te concentres ahora. Todo el poder está aquí. Toda la buena voluntad está aquí. Toda la intención está aquí ahora mismo. Depende de ti decidir quién quieres ser y qué quieres hacer en este mundo".[3]

Jesús no es un *coach* de vida, sino el Salvador y Señor. Y no depende de nosotras decidir quiénes queremos ser en este mundo. Hemos sido llamadas a ser discípulas y servidoras.

## ¿Capricho o necesidad?

El movimiento moderno que promueve el autocuidado puede desviarnos fácilmente del camino del verdadero discipulado bíblico. Las Escrituras nos llaman a dar nuestras vidas en servicio a Jesús, pero

---

2. "Life Coach Training Basics" (descripción del curso), sitio web de Wheaton College, consultado el 6 de marzo de 2018, https://www.prisoninstitute.com/life-coach-training.

3. Laurie Beth Jones, *Jesus Life Coach: Learn from the Best* (Nashville, TN: Thomas Nelson, 2004), xv, 3. Edición en español: *Jesús, Entrenador para la vida: Aprenda del Mejor*, publicado por Grupo Nelson, 18 de octubre de 2004.

escuchamos cada vez más que Jesús entregó su vida para maximizar nuestro potencial y hacer que nuestra vida sea más placentera. Marshall Segal escribe: "Las estrategias de autocuidado intentan aplicar estructura y disciplina al 'tiempo para mí', lo cual vuelve a centrar nuestro mundo alrededor de nosotros mismos… y busca esperanza, sanidad y estabilidad en algún lugar oculto en lo más profundo de nosotros mismos".[4]

Vemos esta reorientación en la forma en que un autor describe su libro:

La vida no es fácil, todos necesitamos algunas instrucciones a lo largo del camino… Este es un libro sobre el "yo", en primer lugar, y luego cómo ese "yo", dotado por Dios de una imagen divina, puede experimentar autoestima, salud emocional y una fe fuerte y vital frente al dolor inevitable e irracional de la vida y el sufrimiento… Es la materialización del don de Dios del empoderamiento personal y la sanidad espiritual.[5]

Lo que vemos allí se centra básicamente en el "yo", y eso rebaja a Dios y sutilmente deifica a los seres humanos. Pero el peligro es difícil de ver cuando se presenta como una herramienta para desarrollar "una fe fuerte y vital". Y quienes leen ese libro con una comprensión limitada de las Escrituras probablemente no perciban su sutil distorsión de la verdad bíblica. No hemos sido "dotados por Dios de una imagen divina"; hemos sido *creados* a su imagen. Podría parecer que estoy cuestionando la semántica, pero la diferencia de significado aquí es de vital importancia, y no es una exageración afirmar que entender el mensaje equivocado puede ser una cuestión de vida o muerte.

---

4. Marshall Segal, "The Insanity of Self-Care", sitio web de Desiring God, 14 de marzo de 2016, consultado el 3 de febrero de 2018, https://www.desiringgod.org/articles/the-insanity-of-self-care.

5. Ray S. Anderson, contracubierta de *Self-Care: A Theology of Personal Empowerment and Spiritual Healing* (Eugene, OR: Wipf & Stock, 2010). Ver https://www.amazon.com/Self-Care-Theology-Empowerment-SpiritualCollection/dp/1610970594.

Darse un capricho —ya sea mental, física o emocionalmente— se considera cada vez más un aspecto necesario para hacer frente a la vida. Y la mayoría de las veces, vivimos esta creencia en nuestra forma de utilizar las provisiones de Dios para la vida cotidiana. Calmamos nuestra soledad con una barra de chocolate y nuestra ansiedad con un helado. Escapamos del trastorno afectivo estacional del invierno con una excursión al Caribe. Y podemos aliviar temporalmente el aburrimiento de la rutina semanal con un día de spa.

El chocolate, los helados y los fines de semana divertidos son regalos para disfrutar, y Dios recibe gloria cuando participamos de tales cosas con alegría y gratitud, pero ver estas bendiciones como necesidades es ser caprichosas. Si las exigimos como nuestro derecho, nos esclavizarán, y esfumarán el disfrute y la gloria que deberían transmitir. En realidad, nadie *necesita* un día de spa, un helado, chocolate ni siquiera unas vacaciones.

Para la mayoría de nosotras, las vacaciones, al menos con las que fantaseamos, son un lujo, no una necesidad. ¿Lo creemos? No estoy tan segura de que lo creamos. "Necesito unas vacaciones", todas lo escuchamos; la mayoría de nosotras lo decimos. En el ritmo de vida semanal que Dios ha establecido, la proporción destinada al trabajo es significativamente mayor que la destinada al descanso. Y la asignación de descanso no requiere una cabaña en la playa o un recorrido como mochilera por Europa. Vemos en las Escrituras tiempos y estaciones reservados para la renovación y el rejuvenecimiento, pero lo que realmente renovaba al pueblo de Dios no era un tiempo en la playa, sino las celebraciones y las fiestas solemnes que conmemoraban la bondad de Dios. Sin duda, el pueblo de Dios en los tiempos bíblicos disfrutaba de una versión reducida de nuestras vacaciones modernas, pero el concepto que estoy tratando de señalar es que la fuente de descanso y renovación que se describe en las Escrituras está centrada en Dios y en honrarlo en compañía de los suyos. Podemos y debemos disfrutar de todo tipo de oportunidades de vacaciones exóticas y descanso personal, pero insistir en esas cosas como una necesidad que sustenta nuestra vida a menudo no es más que ser caprichosas.

## Trampas de los excesos

La falta de moderación de nuestros apetitos físicos prevalece tanto hoy día porque los medios para gratificarnos en exceso están muy al alcance de la mano. Y luego, irónicamente, algunas de las formas en que tratamos de librarnos de las consecuencias de los excesos nos llevan directamente a otro tipo de exceso. Entonces, por ejemplo, cuando sentimos los efectos negativos de comer demasiado, podemos irnos al extremo opuesto, evitando la comida de forma obsesiva.

Debido a los riesgos para la salud, los alimentos procesados se han convertido en un tabú para muchas personas, pero a menos que se trate de un verdadero problema de salud, el cumplimiento escrupuloso de las normas alimentarias de moda podría considerarse, en algunas circunstancias, excesivo. Evitar los macarrones con queso y las cremas procesadas, sin duda, es una buena opción para la salud, pero ¿consumir solo superalimentos como la col rizada y la quinoa es realmente tan decisivo para nuestro bienestar? Pasamos cantidades excesivas de tiempo investigando y haciendo dietas de moda, como *Whole30* [régimen alimentario de 30 días sin consumir ciertos alimentos nocivos para la salud], la dieta cetogénica o *El Plan de Daniel*, un régimen de comida derivado en parte del libro de Daniel en el Antiguo Testamento.

Cuando el pueblo de Dios fue llevado cautivo a Babilonia en el siglo VI a.C., el rey de Babilonia, Nabucodonosor, ideó una estrategia para incorporar a un joven llamado Daniel y a otros cautivos israelitas a su cultura:

> Y les señaló el rey ración para cada día, de la provisión de la comida del rey, y del vino que él bebía; y que los criase tres años, para que al fin de ellos se presentasen delante del rey (Dn. 1:5).

No obstante, Daniel y sus amigos se resistieron a la sabrosa comida del rey, y pidieron permiso al jefe de los eunucos para tener un régimen de comida diferente:

Te ruego que hagas la prueba con tus siervos por diez días, y nos den legumbres a comer, y agua a beber. Compara luego nuestros rostros con los rostros de los muchachos que comen de la ración de la comida del rey, y haz después con tus siervos según veas. Consintió, pues, con ellos en esto, y probó con ellos diez días. Y al cabo de los diez días pareció el rostro de ellos mejor y más robusto que el de los otros muchachos que comían de la porción de la comida del rey. Así, pues, Melsar se llevaba la porción de la comida de ellos y el vino que habían de beber, y les daba legumbres (Dn. 1:12-16).

Si bien el nombre de la dieta, *El Plan de Daniel*, está basado en la personalidad de Daniel y no en lo que comió, algunos defensores de *El Plan de Daniel* usan el episodio del primer capítulo de Daniel como marco para hacer este régimen de comida:

[Daniel] era consciente de que Dios quería que llevara un estilo de vida saludable para que pudiera servirle sin importar dónde se encontrara. Una vida saludable requiere de fe como fundamento, con la confianza de que los caminos de Dios son los mejores, mientras seguimos su receta para la salud.[6]

Sin embargo, si investigamos un poco más sobre Daniel y sus circunstancias, vemos que la petición de Daniel de una dieta restringida fue su forma de resistir las tentaciones de Babilonia y de mantener su identidad como judío durante su estadía en una tierra extranjera. Una dieta y estilo de vida saludable no era su objetivo. Aquí vemos nuevamente por qué es vital entender un poco acerca de la Biblia en su contexto original antes de sacar aplicaciones para hoy. Conocer algunos antecedentes sobre Daniel y sus circunstancias nos ayudaría a no malinterpretar la dieta de Daniel como si lo hubiera hecho por

---

6. Dee Eastman y April O'Neil, "Why the Daniel Plan Works", sitio web de *The Daniel Plan*, 13 de enero de 2013, consultado el 6 de marzo de 2018, http://www.danielplan.com/blogs/dp/why-the-daniel-plan-works/.

un problema de salud. De hecho, la gente en los días de Daniel ni siquiera pensaba en esos términos.[7]

Cuando tratamos de relacionar los sucesos históricos de la Biblia directamente con nuestras vidas hoy, corremos el riesgo de malinterpretar lo que Dios quiere decirnos por medio de esas historias antiguas. El relato bíblico de Daniel nos enseña a permanecer fieles al Señor cuando sentimos la presión a conformarnos a algo impío; no nos enseña a tener una buena salud para servirle mejor. Desde luego que el principio de una buena mayordomía del cuerpo es cierto, pero no es la lección que sacamos de Daniel.

Los defensores de *El Plan de Daniel* tienen buenas intenciones, y sin duda desean honrar a Dios. No obstante, vemos nuevamente que sacar las Escrituras de su contexto puede tergiversar nuestra comprensión del Señor y sus propósitos para su pueblo, y se corre el riesgo de banalizar la Biblia y reducirla a un manual para una vida mejor.

A la hora de hacer frente a las consecuencias de los excesos físicos (en el caso de la comida, con una dieta), debemos tener cuidado de no caer en la trampa de otro tipo de exceso, por eso nuestro corazón juega un papel vital. Nos preocupamos mucho por las arterias obstruidas de grasa, pero aún más importante es el corazón espiritual, que, al fin y al cabo, es el responsable de las consecuencias de la falta de moderación que experimentamos hoy. Las dietas son herramientas valiosas para lidiar con tales consecuencias, pero si nuestro corazón no cambia, es probable que repitamos todo el tiempo el ciclo de atracón-dieta-atracón-dieta. Si no hay un cambio en nuestro corazón, cualquier dieta que emprendamos se convertirá en poco más que una técnica para el manejo de los ídolos. El ídolo que tengo en mente aquí no es la comida ni ningún otro placer físico, es la *comodidad*.

## El ídolo de la comodidad

Los excesos y la falta de moderación es nuestra forma de adorar al ídolo de la comodidad, y orientar nuestra vida hacia cualquier cosa que prometa darnos comodidad de la forma más rápida, fácil

---

7. *ESV Study Bible* (Wheaton, IL: Crossway, 2008), nota sobre Daniel 1:8-16.

y placentera es como nos inclinamos ante él. Como con cualquier ídolo, la gratificación inmediata es la razón por la cual los excesos y la falta de moderación nos atrapan.

Con el tiempo, nos gratificamos un poco aquí y otro poco allá, y ya no sabemos cómo vivir sin las sustancias que nos reconfortan. Si hemos manejado la ansiedad social con el alcohol, la perspectiva de una fiesta sin alcohol no tiene ningún atractivo. Si hemos reprimido las emociones dolorosas con comida, los retortijones de hambre pueden evocarnos una sensación de horror. Si hemos roto el tedio de la rutina con viajes exóticos, es probable que nos endeudemos para poder continuar con esas escapadas regulares. Nuestra comodidad se convierte en una cárcel de nuestra propia creación.

*Nuestra comodidad se convierte en una cárcel de nuestra propia creación.*

## Florece

A menudo no vemos los barrotes de nuestra cárcel hecha por nosotras mismas hasta que tratamos de cambiar. En algún momento, nos damos cuenta de que los excesos y la falta de moderación nos han vuelto perezosas, ya sea física o espiritualmente (por lo general, ambas cosas, porque normalmente ocurren juntas). Entonces, con nueva determinación, nos proponemos practicar el dominio propio y erradicar los malos hábitos, y ahí nos damos cuenta de que estamos estancadas. Hemos estado disfrutando durante tanto tiempo, que no sabemos cómo vivir sin nuestras comodidades y mecanismos para manejar las presiones.

### Cómo funciona la gracia

La buena noticia para los que están en Cristo es que, en realidad, no están esclavizados. Jesús rompió el poder de los hábitos esclavizantes en la cruz y allí pagó por todos los pecados de nuestros excesos. Hemos sido liberadas, "porque la gracia de Dios se ha manifestado para salvación a todos los hombres, enseñándonos que, renunciando a la impiedad y a los deseos mundanos, vivamos en este siglo sobria, justa y piadosamente" (Tit. 2:11-12).

Aun así, es probable que nos sintamos esclavizadas al principio cuando tratamos de cambiar y somos tentadas a dudar del obrar de la gracia de Dios. Sin embargo, su gracia se evidencia incluso en el hecho de que queremos cambiar. Si no fuera por la gracia, viviríamos entregadas al placer, y declararíamos: "Comamos y bebamos, porque mañana moriremos" (ver Is. 22:12-14; 1 Co. 15:32). Pablo explica que la gracia nos ayuda a cambiar los malos hábitos; en otras palabras, tenemos trabajo que hacer. La gracia nos *capacita* para renunciar a los hábitos impíos y tener dominio propio. Cualquier tipo de capacitación, por lo general, implica un proceso, a menudo arduo, y es poco probable que lleguemos hasta el final a menos que estemos dispuestas a sentir cierta incomodidad. Es la única forma de destruir al ídolo de la comodidad. Debemos tener en cuenta que nuestro exceso en particular no es el ídolo; sino la comodidad. Los excesos no son más que la forma en que adoramos al dios de la comodidad.

* * * * * * * * * *

*La gracia nos capacita para renunciar a los hábitos impíos y tener dominio propio.*

* * * * * * * * * *

Entonces, ¿estamos dispuestas a experimentar un poco de incomodidad si eso significa que podemos librarnos de nuestra pereza espiritual y crecer en Cristo? Un escriba amante de la comodidad le dijo una vez a Jesús: "Maestro, te seguiré adondequiera que vayas. Jesús le dijo: Las zorras tienen guaridas, y las aves del cielo nidos; mas el Hijo del Hombre no tiene dónde recostar su cabeza" (Mt. 8:19-20).

Aunque tenemos que esforzarnos por cambiar, no estamos solas en el proceso. Pablo nos instruye: "Andad en el Espíritu, y no satisfagáis los deseos de la carne" (Gá. 5:16). Es realmente así de sencillo; no fácil, pero sencillo. La batalla por la piedad se libra precisamente en este punto, porque los deseos de la carne piden ser satisfechos. Pablo lo describe de esta manera:

> Porque el deseo de la carne es contra el Espíritu, y el del Espíritu es contra la carne; y estos se oponen entre sí, para que no hagáis lo que quisiereis (Gá. 5:17).

Cuando elegimos gratificarnos en lugar de andar en el Espíritu, el resultado inevitable es una lista de cosas horribles, como nos muestra Gálatas 5:19-21. Los deseos sexuales desenfrenados conducen a inclinaciones sexualmente pervertidas. El mal uso de los alimentos, las bebidas y otras sustancias conduce a la adicción; la justificación de las emociones pecaminosas como la ira y los celos destruye las relaciones. Cada vez que nos gratificamos con algo malo o nos excedemos en algo bueno, no estamos andando en el Espíritu, porque Él siempre nos guía en la dirección opuesta.

## Andar en el Espíritu

Si andamos en el Espíritu, si estamos dispuestas a renunciar a aquello de lo que hemos llegado a depender para nuestra comodidad, y, por un tiempo, estamos dispuestas a experimentar la incomodidad que se produce en el proceso de la renuncia, nuestros deseos de gratificarnos disminuirán. El Espíritu nos guía a olvidarnos de nosotras mismas y dejar de preocuparnos por cómo nos sentimos, qué queremos y qué creemos que necesitamos, y, a medida que crecemos, comenzamos a ver que la preocupación por nosotras mismas es lo que nos mantuvo prisioneras todo el tiempo.

Cuando andamos en el Espíritu, nos alejamos de nosotras mismas y nos acercamos a Cristo. Nos ocupamos cada vez más de Él. En el proceso, llegamos a parecernos más a Él. No reflejamos las consecuencias de los excesos, sino el fruto del dominio propio o templanza, además del amor, gozo, paz, paciencia, benignidad, bondad, fe y mansedumbre (Gá. 5:22-23). Pablo concluye esta sección de Gálatas con un mandato: "Si vivimos por el Espíritu", y lo hacemos, si hemos puesto nuestra fe en Cristo, "andemos también por el Espíritu" (v. 25). El Espíritu nos transforma, pero no nos quedamos pasivas en el proceso. El celo que una vez dedicamos a gratificarnos, ahora debemos reorientarlo hacia el discipulado.

* * * * * * * * * *

### *El Espíritu nos transforma, pero no nos quedamos pasivas en el proceso.*

* * * * * * * * * *

En su carta a los creyentes de Éfeso, Pablo hace un contraste similar entre gratificar nuestra carne y andar en el Espíritu: "No os embriaguéis con vino, en lo cual hay disolución; antes bien sed llenos del Espíritu" (Ef. 5:18). Lo que Pablo está diciendo tiene que ver con algo más que beber. En la época de Pablo, los adoradores de los dioses paganos pensaban que podían mejorar su experiencia espiritual con la bebida, por lo que Pablo quiere que los creyentes tengan absolutamente claro que el cristianismo no funciona de esa manera. No podemos llenarnos de cosas terrenales y al mismo tiempo manifestar el fruto del Espíritu.

Aquí, en Efesios, Pablo revela otra faceta del fruto del Espíritu: la gratitud:

> No os embriaguéis con vino, en lo cual hay disolución; antes bien sed llenos del Espíritu, hablando entre vosotros con salmos, con himnos y cánticos espirituales, cantando y alabando al Señor en vuestros corazones; *dando siempre gracias por todo al Dios y Padre, en el nombre de nuestro Señor Jesucristo* (Ef. 5:18-20).

Todos los excesos pecaminosos brotan de un corazón desagradecido. Si vivimos para gratificarnos con comodidades o placeres de cualquier tipo, es porque creemos que Dios no nos basta. En algún rincón oculto de nuestro corazón, lo juzgamos insuficiente cuando no cumple con nuestras expectativas personales de lo que deseamos y creemos que merecemos. Cuando estamos dominadas por esta creencia, no podemos reconocer que todo lo que tenemos (amistad, comida, vivienda, trabajo, salud, matrimonio, soltería, compañerismo, talento y, sobre todo, la salvación eterna) es un regalo.

A medida que nos mantenemos en sintonía con el Espíritu, nuestro modo de pensar cambia y el anhelo de gratificarnos comienza a morir. Y nuestro corazón se humilla, lo que nos permite ver a Dios por lo que es y todo lo que tenemos como un regalo. La gratitud a Dios (no solo palabras de agradecimiento, sino una creencia profunda en el corazón) hace que los excesos y la falta de moderación no tengan sentido. Así que, después de todo, no somos esclavas si pertenecemos por la fe a Cristo. Hemos sido liberadas (gloriosamente liberadas) de la esclavitud del pecado, de Satanás y del "yo".

# CAPÍTULO 5

# LIBRE DE LA AUTOCONDENA

so que dijimos... eso que hicimos, si tan solo pudiéramos retractarnos. Un recuerdo de palabras duras que pronunciamos con ira, la noche en que nos dejamos llevar por lo que hacían todos o tal vez fuimos contra la corriente y desearíamos no haberlo hecho; el remordimiento que nos acecha puede ser implacable. Nos encantaría borrar ciertas cosas en la vida con un simple golpe en la tecla de "borrar", pero sabemos muy bien que las palabras no se pueden desdecir y los hechos no se pueden deshacer. ¿Cómo podemos vivir bien hoy si no podemos sacudirnos de encima el pasado, incluso el pasado confesado y perdonado? Confiamos en que hemos sido perdonadas porque Cristo pagó por todos nuestros pecados cuando murió en la cruz, pero el recuerdo no se borra y las consecuencias en nuestra vida y en la vida de aquellos a quienes lastimamos pueden perdurar mucho tiempo.

Pienso, por ejemplo, en una antigua compañera de trabajo llamada Ámbar, que en su adolescencia tuvo un hijo al que llamó Juan. No había un padre en la foto, y ella tuvo que dejar sus estudios para mantenerlo. Amaba a su hijo, pero también tenía resentimiento hacia él, primero por interrumpir y luego por alterar permanentemente su joven vida. A veces era dura con él, incluso después de recuperar algo de libertad cuando llegó a la edad escolar. Conocí a Ámbar unos veinte años después del nacimiento de Juan. El día que nos conocimos, le pregunté por la foto enmarcada del alegre adolescente en su escritorio.

—¿Ese es tu hijo?

—Sí. Es una foto vieja —respondió ella.

—¡Oh! ¿Cuántos años tiene él ahora? ¿Todavía estudia?

—No. Se metió en las drogas.

—Lo siento mucho. Espero que encuentre la manera de salir de eso.

—No será posible. Le dispararon durante un arreglo de cuentas por drogas y murió.

Han pasado años desde aquella conversación, pero nunca la olvidaré. Me dolió el corazón por mi compañera, pero la historia no terminó allí. Algunos meses después, durante un descanso en el comedor para tomar un café, escuchamos a otra compañera expresar su consternación por los padres que dicen cosas horribles a sus hijos. Una voz más fuerte se escuchó por encima de la conversación del comedor:

—¿No se dan cuenta de que están determinando la vida de sus hijos al gritarles y decirles que son inútiles e imbéciles?

Ámbar se quedó callada por un momento, luego bajó la vista y dijo:

—Eso es lo que le hice a mi hijo.

Durante el resto de nuestro descanso, mientras tomábamos un café, se sinceró con nosotras. Allí me enteré de los detalles del nacimiento y la corta vida de Juan, y pude ver cómo ese día las fuertes palabras que se escucharon en el comedor sobre la mala crianza habían servido como un arma para golpear su corazón ya lastimado. Aunque ella sabía que Dios la había perdonado, no podía perdonarse a sí misma.

## Profundiza

¿Qué puede ayudar a mujeres como Ámbar y a cualquiera de nosotras que vivimos bajo el peso de la autocondena?

Algunas personas llevan ese peso no por lo que han dicho o hecho, sino por lo que otros les han dicho o hecho. Se nota en la mujer que siempre se menosprecia:

"¡Soy un fracaso!".

"Soy una amiga malísima".

"Nunca podría servir en la iglesia. No tengo nada que ofrecer".

Han llegado a creer lo que les han dicho sobre sí mismas, quizás desde una edad muy temprana.

Creo que es seguro asumir que la mayoría de las mujeres que participan del comercio sexual, ya sea en la pornografía o la prostitución, viven bajo el peso insoportable de la autocondena. No obstante, para la mayoría de ellas, ese peso comenzó a presionar mucho antes de ofrecer sexo por dinero. Ninguna niña dice: "Quiero ser prostituta cuando sea grande". Sin embargo, si abusan de ella sexualmente, podría llegar a creer que solo sirve para eso. O si su padre la abandona, el mensaje que recibe es que ningún hombre la amará en verdad. Cuando nos condenamos a nosotras mismas, eso se convierte muy a menudo en una profecía autocumplida.

También podemos sentirnos condenadas cuando no podemos vencer un pecado que nos asedia o cuando no estamos a la altura de las normas que nos hemos fijado. Con ese fin, a veces fallamos en distinguir entre el pecado real, bíblicamente así llamado, y el que se define a sí mismo como tal. En otras palabras, vemos nuestros fracasos personales como pecado, incluso cuando la Palabra de Dios no lo hace.

Ya sea que nuestra lucha se refiera a un pecado real o a los fracasos personales que definimos como pecado, condenarnos a nosotras mismas nos impide encontrar consuelo en el evangelio. Al contrario, nos regañamos y nos volvemos críticas y sentenciosas, no solo con nosotras mismas sino también con los demás. Este malestar no es por algo que estemos haciendo o dejando de hacer, sino por estar centradas en nosotras mismas.

Los pecados del pasado pueden dominar nuestros pensamientos mientras repasamos una y otra vez lo que hicimos o dijimos, y el dolor que causamos. Permitir que tales pensamientos nos dominen nos impide comprender que el evangelio resuelve por completo el problema del pecado y la culpa. Si tan solo dejáramos de pensar en eso (nos olvidáramos de nosotras mismas) y pusiéramos nuestra mirada en Cristo y su Palabra, veríamos que el sacrificio de Cristo triunfa sobre nuestro pecado en todos los sentidos. Jesús no murió en la cruz por ningún pecado que Él haya cometido, sino que tomó sobre sí nuestro pecado, el tuyo y el mío, y cargó con la culpa para que nosotras no tuviéramos que hacerlo. "Ahora, pues, ninguna condenación hay para los que están en Cristo Jesús" (Ro. 8:1). Francamente, si Dios nos ha perdonado, ¿quiénes somos nosotras para condenarnos? Cristo murió por todos los pecados, pasados, presentes y futuros, de todos aquellos que están unidos a Él por la fe.

*Si Dios nos ha perdonado,*
*¿quiénes somos nosotras*
*para condenarnos?*

A la luz de esa realidad, si hemos puesto nuestra fe en su suficiencia para nuestra vida, ¿por qué todavía nos sentimos condenadas? Tal vez nos estemos midiendo con una regla diferente, una que no está fundada sobre la Palabra de Dios. Las Escrituras nos enseñan que no lograr los objetivos personales no es necesariamente pecaminoso, pero tener un espíritu perfeccionista que lo exige sí lo es. Jesús dijo: "Venid a mí todos los que estáis trabajados y cargados, y yo os haré descansar. Llevad mi yugo sobre vosotros, y aprended de mí, que soy manso y humilde de corazón; y hallaréis descanso para vuestras almas; porque mi yugo es fácil, y ligera mi carga" (Mt. 11:28-30).

## Discierne

Nuestros pecados y fracasos son demasiado grandes a nuestros ojos cuando Cristo nos parece demasiado pequeño, y seguramente nos parecerá pequeño si nuestra visión de nosotras mismas oscurece nuestra visión de Él. Así que eso es lo primero que tenemos que considerar si estamos perturbadas por un sentimiento de condenación: *¿qué estamos mirando?*

Analicemos esos pecados y fracasos que tienen secuestrada nuestra conciencia. Primero, ¿son realmente pecados, y quién determina qué *es* pecado? Como hemos señalado, solo el Señor tiene autoridad para declarar lo que es pecado, y lo ha hecho claramente en su Palabra. Por lo tanto, las Escrituras constituyen la única norma que importa. Entonces, por ejemplo, tener sobrepeso no es pecado, aunque el proceso mediante el cual llegamos a tenerlo sí lo sea. Del mismo modo, faltar al gimnasio no es un pecado, aunque la razón por la que faltamos pueda serlo. De hecho, es más probable que haya pecado detrás de la rigurosidad de una rutina de ejercicios que de la inclinación a saltarnos un día de ejercicio. Rechazar una petición para ayudar en la guardería de la iglesia no es pecado, pero la razón para decir que no podría serlo. Cambiar de iglesia no es pecado, pero la razón para hacerlo podría ser pecado. Cualquiera que sea el asunto, no tenemos la autoridad de declarar algo como pecado cuando las Escrituras no lo hacen. Desde un punto de vista bíblico, estas cosas son neutrales.

Aun así, algo neutral en general no lo es para todos todo el tiempo o en la misma medida. El corazón puede generar pecado de cualquier cosa. Lo que hacen nuestros ojos, manos, pies, imaginación y cualquier otra parte de nuestro cuerpo no son más que el resultado de lo que hay en el corazón:

> Pero lo que sale de la boca, del corazón sale; y esto contamina al hombre. Porque del corazón salen los malos pensamientos, los homicidios, los adulterios, las fornicaciones, los hurtos, los falsos testimonios, las blasfemias. Estas cosas son las que contaminan al

hombre; pero el comer con las manos sin lavar no contamina al hombre (Mt. 15:18-20).

A veces, el Espíritu Santo puede indicarnos que debemos eliminar algo de nuestra vida, un hábito o una actividad que, con el tiempo, se ha convertido en pecado o ha generado otro pecado. Si ignoramos estas insinuaciones del Espíritu, sabiendo que tienen apoyo en las Escrituras, nos sentiremos agobiadas, como le ocurrió a David:

> Bienaventurado aquel cuya transgresión ha sido perdonada, y
>     cubierto su pecado.
> Bienaventurado el hombre a quien Jehová no culpa de iniquidad,
> Y en cuyo espíritu no hay engaño.
> Mientras callé, se envejecieron mis huesos
> En mi gemir todo el día.
> Porque de día y de noche se agravó sobre mí tu mano;
> Se volvió mi verdor en sequedades de verano (Sal. 32:1-4).

Y como escribe Santiago: "Al que sabe hacer lo bueno, y no lo hace, le es pecado" (Stg. 4:17). Aquí es donde se libra la batalla. Si no estamos dispuestas a renunciar a un pecado o a algo bueno que nos tienta a pecar, trataremos de seguir adelante sin hacer ningún cambio o buscaremos la forma de que parezca cualquier cosa menos un pecado real. Y en su fidelidad, Dios nos presiona con esa mano dura sobre la que escribe David; pero la convicción que produce el Espíritu es muy diferente de la autocondena que estamos tratando aquí.

## Sentimiento de culpa, ¿o verdadera culpa?

La autocondena que tengo en mente es el inquebrantable sentimiento de culpa que puede sepultarnos, incluso cuando hemos confesado nuestro pecado y lo hemos abandonado. La raíz del problema aquí, como con cada tema que estamos tratando en este libro, es el foco de nuestra atención. Nos enfocamos demasiado en nosotras mismas (nuestros pecados, nuestros fracasos) y no en el Señor y en su provisión para tales pecados. Nos olvidamos (o tal vez no sabemos) que solo Dios tiene autoridad para condenar y para perdonar. Nosotras no tenemos autoridad para ninguna de las dos cosas. Y la verdad es que *merecemos* la condena. *Somos* culpables. Por eso, minimizar nuestro pecado, pensar que no es tan grave, no alivia esos sentimientos de culpa.

Nuestro pecado es más malo (de hecho, peor) de lo que ya sabemos o admitimos. Hace poco oí decir que, si viéramos la realidad de nuestro pecado, nos horrorizaríamos. Por eso, darle un giro positivo al pecado para sentirnos mejor no sirve de nada. Nuestros sentimientos de culpa no son el problema, sino el hecho de que *somos* culpables. Ir a Cristo y refugiarnos en Él es nuestra única esperanza, y quienes lo hacen son los únicos que experimentan la liberación de la culpa, tanto de su realidad como de lo que nos hace sentir. Por eso, escuchar el mensaje de que solo tenemos que perdonarnos a nosotras mismas es espiritualmente destructivo.

La autora de uno de esos artículos cuenta que se sintió culpable durante años por un error de la infancia, a pesar de que había expresado un gran remordimiento por el incidente y había pedido perdón el mismo día que ocurrió. Tras encontrarse años después con la parte ofendida, que no hizo mención alguna de aquel incidente, finalmente, la autora pudo olvidarlo, y escribe:

> Me había perdonado a mí misma y me sentía libre. Jesús ya nos ha perdonado todo lo malo que hemos hecho. Cuando no estamos dispuestos a perdonarnos a nosotros mismos, nos encadenamos a la culpa y la vergüenza.[1]

Sin duda, tiene razón en que Jesús ha expiado todos los pecados de aquellos que ponen su confianza en Él, pero ella se hace demasiado grande a sus propios ojos al exigir erróneamente el perdón de

---

1. Moriah Nelson, "Freedom in Forgiveness", sitio web de (in)courage, 30 de septiembre de 2014, consultado el 16 de febrero de 2018, http://www.incourage.me/2014/09/freedom-in-forgiveness.html.

sí misma para experimentar la libertad de la culpa y la vergüenza. No tenemos autoridad para hacer eso. Solo Dios la tiene, lo que significa que nuestra visión de nosotras mismas puede definirse correctamente solo por su visión de nosotras. Si nos declara culpables, estamos condenadas. Si nos declara perdonadas, somos libres. Cómo nos sentimos acerca de nosotras mismas con respecto a un pecado pasado, o incluso una lucha presente con el pecado, no tiene relación con la realidad actual. La autora concluye el artículo con una observación correcta en la que dirige a sus lectores a Jesús:

> Hay libertad en Cristo de la vergüenza que no queremos soltar. Hay esperanza. Ven hoy a Jesús y entrégale tu culpa; entrégale tus pecados. Deja que Él abra los grilletes que te mantienen prisionero. Te prometo que Él te los quitará y serás libre.[2]

Sin embargo, esa excelente verdad sobre la ayuda y esperanza en Cristo puede pasar fácilmente inadvertida cuando aparece bajo el rótulo del perdón a uno mismo. El concepto general del perdón a uno mismo, incluso cuando se presenta a Cristo como la respuesta, se refiere más a ser libre de los sentimientos de culpa, que a ser libre de la culpa real.

Aquello en lo que nos centramos nos define, así que, si nos centramos en nosotras mismas, terminamos por definir nosotras mismas si somos justas o culpables. Cuando empezamos y terminamos con nuestra propia vida, con nuestro *yo*, pasamos por alto el énfasis central del evangelio y nunca encontramos la libertad que anhelamos.

## El único juez que importa

El promotor más despiadado de nuestra tendencia a condenarnos a nosotras mismas y de nuestro pensamiento errado sobre el perdón es Satanás mismo. Su propio nombre señala esta realidad: Satanás significa "acusador" o "adversario". En ninguna parte se presenta su táctica más claramente en las Escrituras que en la visión dada al

---

2. Nelson, "Freedom in Forgiveness".

profeta Zacarías sobre Josué, el sumo sacerdote. La visión representa una escena de tribunal donde Josué es el acusado. Está siendo juzgado por el ángel del Señor, que es el juez, y el fiscal no es otro que Satanás. Sin embargo, Josué tiene el mejor abogado defensor: el Señor mismo. Zacarías escribe:

> Me mostró al sumo sacerdote Josué, el cual estaba delante del ángel de Jehová, y Satanás estaba a su mano derecha para acusarle. Y dijo Jehová a Satanás: Jehová te reprenda, oh Satanás; Jehová que ha escogido a Jerusalén te reprenda. ¿No es este un tizón arrebatado del incendio? (Zac. 3:1-2).

Josué necesitaba un buen abogado porque había acudido al tribunal vestido con ropas viles y sucias. La suciedad que lo cubría en la visión en realidad era excremento, y presentarse ante el tribunal con ese atuendo no era una mera falta de etiqueta; la ropa contaminaba toda la persona de Josué, lo cual lo hacía ritualmente impuro e incapaz de cumplir con sus responsabilidades como sumo sacerdote. La condición de Josué significaba que los del pueblo de Dios no tenían a nadie que intercediera por ellos en el día de la expiación. Allí mismo, en la sala del tribunal, Satanás tenía todas las pruebas que necesitaba para ganar su caso, lo que seguramente habría logrado si el Señor no hubiera intervenido:

> Y Josué estaba vestido de vestiduras viles, y estaba delante del ángel. Y habló el ángel, y mandó a los que estaban delante de él, diciendo: Quitadle esas vestiduras viles. Y a él le dijo: Mira que he quitado de ti tu pecado, y te he hecho vestir de ropas de gala. Después dijo: Pongan mitra limpia sobre su cabeza. Y pusieron una mitra limpia sobre su cabeza, y le vistieron las ropas. Y el ángel de Jehová estaba en pie (Zac. 3:3-5).

El Señor primero silenció a Satanás y luego ordenó dar ropa limpia a Josué. Finalmente, en su calidad de juez, declaró inocente a Josué. Como ocurre con nuestro sistema legal actual, el veredicto de no culpabilidad no significaba que Josué, el acusado, fuera inocente. De hecho, era culpable y, además de eso, su corrupción impresionó a muchos del pueblo de Dios. Entonces, la visión de Zacarías señala a Cristo, el único sumo sacerdote sin mancha en la historia de los sumos sacerdotes. Josué fue declarado no culpable porque Cristo tomó ese veredicto sobre Sí mismo.

*   *   *   *   *   *   *   *

*El Señor es nuestro juez, pero también nuestro defensor, y nos declara inocentes en virtud de su sacrificio por nuestros pecados.*

*   *   *   *   *   *   *   *

El pecado nos hace sentir como Josué cuando estaba vestido con ropas viles. Estamos vestidas (cubiertas) de pecado, que es inmundicia. Y no somos capaces de cambiar nuestra vestimenta espiritual. A Satanás le encanta señalar nuestra inmundicia mientras intenta enjuiciarnos mediante acusaciones en nuestra contra y señalar nuestra transgresión ante el Juez. Sin embargo, con Cristo como nuestro abogado, Satanás no puede ganar su caso. Si estamos unidas por la fe a Cristo, ya se nos ha dado ropa nueva y hemos sido despojadas de la inmundicia de nuestra culpa. No importa lo que hayamos hecho ni lo malo que sea. En Cristo, tenemos una vestidura completamente nueva:

En gran manera me gozaré en Jehová, mi alma se alegrará en mi Dios; porque me vistió con vestiduras de salvación, me rodeó de manto de justicia, como a novio me atavió, y como a novia adornada con sus joyas (Is. 61:10).

El Señor es nuestro juez, pero también nuestro defensor, y nos declara inocentes en virtud de su sacrificio por nuestros pecados.

Por eso podemos hacer caso omiso de las acusaciones de Satanás. Cuando nos recuerda nuestros pecados, cuando nos señala nuestro egocentrismo, nuestra mundanalidad y nuestra falta de amor, podemos refutarlo con la Palabra de Dios:

> Y teniendo un gran sacerdote sobre la casa de Dios, acerquémonos con corazón sincero, en plena certidumbre de fe, purificados los corazones de mala conciencia, y lavados los cuerpos con agua pura. Mantengamos firme, sin fluctuar, la profesión de nuestra esperanza, porque fiel es el que prometió (He. 10:21-23).

Si lo piensas bien, el mensaje que oímos hoy sobre la necesidad de perdonarnos a nosotras mismas le facilita las cosas al malvado fiscal. Si puede mantenernos centradas en nosotras mismas, buscando en nuestro interior una declaración de inocencia, no podremos ver a nuestro defensor y abogado, Cristo Jesús.

## Florece

Está claro que tenemos sentimientos de culpa, porque *somos* culpables. Aun así, nuestros sentimientos de culpa no son fiables. Florecemos cuando nos apoyamos en Cristo y, al hacerlo, desarrollamos más capacidad de distinguir la verdadera culpa de la falsa culpa. El acusador, Satanás, también es un mentiroso, y tergiversará la verdad como un pretzel para inquietar nuestra conciencia donde está tranquila y para tranquilizarla donde debería estar inquieta. Sin embargo, nuestro Ayudador, el Espíritu Santo, obra en nuestro corazón para resolver esto mientras nos sumergimos en la Palabra de Dios.

Algunas de nosotras luchamos con la autocondena porque tenemos una conciencia débil. Así define John MacArthur una conciencia débil:

> La conciencia débil suele ser hipersensible e hiperactiva sobre cuestiones que no son pecados. Irónicamente, una conciencia débil es más propensa a acusar, que una conciencia fuerte. La Escritura

lo denomina una conciencia débil porque resulta herida muy fácilmente. Las personas con una conciencia débil tienden a preocuparse por cosas que no debería provocar culpa en un cristiano maduro que conoce la verdad de Dios.[3]

A medida que crecemos en Cristo, nuestra conciencia madura. Al transformarse por obra de Dios, tenemos una experiencia de libertad más fuerte y duradera al vivir nuestra fe.

## Una ayuda de Hebreos

Encontramos mucho en el libro de Hebreos que nos ayuda a educar nuestra conciencia.[4] Una cosa que aprendemos allí es que antes de la llegada de Cristo, nadie podía tener una conciencia verdaderamente limpia, ni siquiera cuando sumos sacerdotes como Josué ofrecían animales en sacrificio por el pecado:

> Lo cual es símbolo para el tiempo presente [el sistema de sacrificios del Antiguo Testamento], según el cual se presentan ofrendas y sacrificios que no pueden hacer perfecto, en cuanto a la conciencia, al que practica ese culto, ya que consiste solo de comidas y bebidas, de diversas abluciones, y ordenanzas acerca de la carne, impuestas hasta el tiempo de reformar las cosas (He. 9:9-10).

Cuando el sumo sacerdote presentaba la sangre de los animales en el Lugar Santísimo, Dios la aceptaba como expiación por el pecado del pueblo, pero había que hacerlo año tras año, porque el pueblo seguía pecando. Solamente un sacrificio por el pecado bastó para que una sola ofrenda fuera suficiente para limpiar al pecador una vez y para siempre:

---

3. John MacArthur, *The Vanishing Conscience* (Dallas, TX: Word, 1994), 44. Edición en español: *Una conciencia decadente,* publicado por Editorial Nivel Uno, 2020.

4. Si deseas obtener más información sobre cómo adiestrar tu conciencia, un buen recurso es Andrew David Naselli y J. D. Crowley, *Conscience: What It Is, How to Train It, and Loving Those Who Differ* (Wheaton, IL: Crossway, 2016).

Pero estando ya presente Cristo, sumo sacerdote de los bienes venideros, por el más amplio y más perfecto tabernáculo, no hecho de manos, es decir, no de esta creación, y no por sangre de machos cabríos ni de becerros, sino por su propia sangre, entró una vez para siempre en el Lugar Santísimo, habiendo obtenido eterna redención. Porque si la sangre de los toros y de los machos cabríos, y las cenizas de la becerra rociadas a los inmundos, santifican para la purificación de la carne, ¿cuánto más la sangre de Cristo, el cual mediante el Espíritu eterno se ofreció a sí mismo sin mancha a Dios, limpiará vuestras conciencias de obras muertas para que sirváis al Dios vivo? (He. 9:11-14).

Solo Cristo puede limpiar nuestra conciencia, y como vemos allí en Hebreos, lo hace para que podamos servir a Dios. En otras palabras, una conciencia limpia produce buenas obras, pero no funciona a la inversa: las buenas obras no producen una conciencia limpia. Nada de lo que hagamos puede eliminar la culpa real, por eso no sirve de nada perdonarnos a nosotras mismas.

* * * * * * * * * *

> *Una conciencia limpia produce buenas obras, pero no funciona a la inversa: las buenas obras no producen una conciencia limpia.*

* * * * * * * * * *

Cuando nos unimos por la fe a Cristo, la culpa de nuestro pecado desaparece, y las bendiciones de pertenecer a Él no son solo para más adelante, para la otra vida; sino también para esta vida aquí en la tierra. Eso es lo que el autor de Hebreos quiere que comprendamos:

Así que, hermanos, teniendo libertad para entrar en el Lugar Santísimo por la sangre de Jesucristo, por el camino nuevo y vivo que él nos abrió a través del velo, esto es, de su carne, y teniendo un gran sacerdote sobre la casa de Dios, acerquémonos con corazón sincero, en plena certidumbre de fe, purificados los corazones de mala conciencia, y lavados los cuerpos con agua pura. Mantengamos firme, sin fluctuar, la profesión de nuestra esperanza, porque fiel es el que prometió (He. 10:19-23).

Ahí está nuestra libertad. *Cristo* es fiel, incluso cuando nosotras no lo somos. Así que cuando esos sentimientos de condenación nos hunden, nos levantamos y volvemos a poner nuestra mirada en el evangelio.

## Definidas por Cristo

Los perdidos no son los únicos que necesitan el evangelio: los salvos también necesitan escuchar las buenas nuevas. Lo necesitamos porque lo olvidamos, y porque Satanás es un experto acusador. Nunca dejaremos de necesitar este mensaje básico. En él encontramos confianza en lugar de condenación y deleite en lugar de carga. Y cuando caemos en pecado, no nos revolcamos en un charco de culpa. Levantamos nuestra mirada de nuestra propia vida y de nuestro fracaso para fijar nuestra mirada en nuestro Dios misericordioso y recordar que "si confesamos nuestros pecados, él es fiel y justo para perdonar nuestros pecados, y limpiarnos de toda maldad" (1 Jn. 1:9).

Lo mismo hacemos con los pecados del pasado que vuelven a atormentar nuestra conciencia, y nos susurran que las decisiones que hemos tomado nos impiden servir en tareas dignas y disfrutar de algunas de las bendiciones que reciben los demás creyentes. Sin embargo, no cedemos, sino que llevamos nuestra conciencia a la Palabra de Dios. Allí se nos recuerda de nuevo que, sí, ¡por supuesto que nuestro pecado nos descalifica! No obstante, la calificación de Cristo ha llegado a ser nuestra y lo sigue siendo mientras llevemos una vida imperfecta.

Si te perturban los sentimientos de condena, echa un vistazo a la historia bíblica de Rahab. Si alguien tiene motivos para sentirse descalificada por sus pecados del pasado, es una exprostituta. Esa era

Rahab, pero ella puso su fe en el Señor y recibió una nueva vida, tanto en este mundo como en la eternidad. No permitió que su antiguo trabajo en el comercio sexual definiera su perspectiva de sí misma o de su futuro. Dios la definió, y la identidad que encontró en Él resultó ser más gloriosa de lo que podría haber imaginado. Esta antigua prostituta se casó y tuvo un hijo que pertenece a la línea ancestral del propio Jesús. ¡Cuán profunda es la misericordia y la obra santificadora de Dios para que el ADN de una mujer como Rahab pudiera fluir por las venas del santo Hijo de Dios! Además, ella es considerada aún hoy como un ejemplo de fe piadosa (ver He. 11:31).

Ni nuestro pasado ni nuestro presente nos definen. Nuestro pecado no nos define. Solo Cristo lo hace, y "ahora, pues, ninguna condenación hay para los que están en Cristo Jesús" (Ro. 8:1).

# CAPÍTULO 6

# LIBRE DE LA MENTALIDAD DE VÍCTIMA

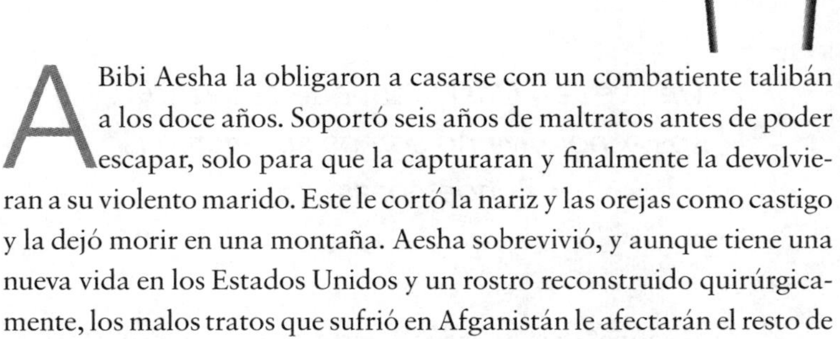

A Bibi Aesha la obligaron a casarse con un combatiente talibán a los doce años. Soportó seis años de maltratos antes de poder escapar, solo para que la capturaran y finalmente la devolvieran a su violento marido. Este le cortó la nariz y las orejas como castigo y la dejó morir en una montaña. Aesha sobrevivió, y aunque tiene una nueva vida en los Estados Unidos y un rostro reconstruido quirúrgicamente, los malos tratos que sufrió en Afganistán le afectarán el resto de su vida.[1] Si alguna vez hubo una víctima, esa es Aesha.

¿Cómo definirías el término *víctima*? Hoy día lo oímos con mucha frecuencia, ya que se aplica habitualmente a cualquiera que haya experimentado algún tipo de sufrimiento en cualquier circunstancia. Sin embargo, una aplicación indiscriminada del término, en el fondo, es perjudicial, porque sesga nuestra comprensión de lo que categoriza la verdadera victimización. "Todo es relativo", argumentarían

---

1. Jessica Ravitz, "Saving Aesha", sitio web de CNN, consultado el 21 de febrero de 2018, http://www.cnn.com/interactive/2012/05/world/saving.aesha/?hpt=hp_c2.

algunas personas, y hasta cierto punto es cierto. Sin embargo, lo llevamos demasiado lejos. ¿No parece un poco absurdo afirmar que alguien sufre porque tiene una uña encarnada? "Mi amiga es víctima de una uña encarnada" o "mi amiga es una sobreviviente de una uña encarnada", *¿en serio?*

Una verdadera víctima es alguien que está únicamente a merced de sus maltratadores. Los niños atrapados en hogares violentos son víctimas. Las mujeres aisladas bajo el estricto control de la ley Sharia son víctimas. Los padres que pierden a un hijo por culpa de un conductor ebrio son víctimas. Las verdaderas víctimas son impotentes para detener el maltrato o cambiar sus circunstancias. Y dada esta realidad, dañamos más que ayudamos cuando atribuimos el término *víctima* (esa identidad) a quienes solo están sufriendo las consecuencias de sus propias malas decisiones o a aquellas personas cuya sensibilidad ha sido ofendida por puntos de vista opuestos.

· · · · · · · · · ·

*Una vez en Cristo, aunque el pecado nos asedia, ya no somos sus víctimas indefensas.*

· · · · · · · · · ·

En otro sentido, todas somos víctimas. Cada una de nosotras es víctima del máximo maltratador: el pecado. Por nosotras mismas, somos impotentes contra él porque, como niñas atrapadas en hogares violentos, nacemos en pecado. Incitado por Satanás, el pecado engaña, atrapa, manipula y exige nuestra obediencia, y cuando cedemos, sufrimos aún más, y nuestros intentos de escapar nunca funcionan. Necesitamos que alguien nos rescate, no solo alguien que pueda protegernos del pecado, sino alguien que también pueda derrotar al pecado y al diablo. Ese es Jesús, y eso es lo que vino a hacer. Una vez en Cristo, aunque el pecado nos asedia, ya no somos sus víctimas indefensas. A menos que elijamos serlo.

## Profundiza

Kathy creció en un hogar con padres que asistían fielmente a una estricta iglesia fundamentalista donde la palabra del pastor era autoritaria, no solo en los asuntos espirituales, sino también en la vida familiar y laboral. Cuando se trataba de la crianza de los hijos, era quien determinaba qué era un buen y mal comportamiento y quien dictaba tanto la recompensa como el castigo. Exigía que los padres disciplinaran a sus hijos por manifestar desgano, tener una mirada desafiante en sus ojos y mostrarse reticentes a aprender los fundamentos de la iglesia todos los días después de la escuela. La disciplina por tales infracciones, por lo general, implicaba palizas severas, que el pastor ordenaba a los padres propinar a sus hijos, y luego se lo debían informar. No hace falta decir que la infancia de Kathy se caracterizó por el miedo. Y, definitivamente, Kathy fue una víctima.

A pesar de su infancia problemática, Kathy tiene una buena relación con sus padres ahora, que pasaron casi tres décadas. Poco después que Kathy se fue de casa a los dieciocho años, sus padres se desilusionaron con el pastor y se fueron de la iglesia. Y con gran remordimiento por el maltrato que le habían dado, le pidieron a Kathy que los perdonara. Hoy día Kathy asiste a una iglesia sana. Está casada con un hombre bueno y cariñoso, y dedica tiempo y recursos personales a una organización benéfica local para personas sin hogar. Aun así, Kathy no se identifica, principalmente, como cristiana, esposa o ayuda idónea. Se define a sí misma como una víctima. Su pasado eclipsa su presente.

### Vivir el pasado en el presente

Su historia no es poco frecuente. Y es fácil comprender cómo el trauma de un grave maltrato puede llegar a definir la vida de una víctima. ¡Qué glorioso es que, cuando nos unimos por la fe a Cristo, Él nos libera del pasado y nos da una identidad totalmente nueva! Pablo escribe: "De modo que si alguno está en Cristo, nueva criatura es; las cosas viejas pasaron; he aquí todas son hechas nuevas" (2 Co. 5:17). Todo lo que nos ha formado y definido en el pasado ya se acabó. Entonces, si esto es cierto, si el evangelio nos libera fundamentalmente de las garras de los traumas del pasado, ¿por qué Kathy se sigue identificando más con su pasado que con sus bendiciones presentes y futuras?

En parte se debe a la realidad de la vida en nuestro mundo caído. Kathy tiene una nueva identidad en Cristo y, por lo tanto, lo antiguo ha pasado a la historia; pero ella, como todas nosotras, ha sido moldeada por la totalidad de sus experiencias, tanto buenas como malas. Como resultado, el desarrollo de su nueva identidad en Cristo es un proceso que, probablemente, se lleve a cabo poco a poco a lo largo de meses o incluso años. Al día de hoy, el trauma de la infancia de Kathy siempre ha formado parte de su identidad personal hasta el punto de que no sabe quién es sin él, por lo que la idea de perder su antigua identidad le resulta amenazante.

Recuerdo su enojo e indignación después que asistimos a una conferencia en la que una mujer mayor contó su propia historia de maltratos durante su infancia. Kathy estuvo furiosa todo el camino de vuelta a casa, mientras decía: "¿Esa mujer cree que ha sufrido? No es nada comparado a lo que yo pasé". Kathy no podía sentir compasión por su compañera de infortunios porque, en su mente, el sufrimiento de la otra mujer parecía rebajar el suyo. Y su indignación se vio alimentada por un poco de celos, porque, a diferencia de Kathy, la conferenciante se veía "compensada" por su sufrimiento con una plataforma pública y multitudes de simpatizantes. Kathy aún no ve que lo que ella es en Cristo y lo que tiene gracias a estar unida a Él es mucho mejor.

Mantener su identidad de víctima también la ayuda a justificar su ira. Sin duda, la ira ante la injusticia y el maltrato es una reacción natural, y hay una ira justa que busca la justicia para los oprimidos y se aflige cuando el mal causa un sufrimiento horrible, desfigura la creación y vela la gloria de Dios. Sin embargo, la ira de Kathy es contra Dios mismo. No puede entender cómo el Dios bueno puede haber permitido semejante horror. Es este tipo de ira la que siempre reprime debajo de su conducta agradable y sus palabras cuidadosas, pero se muestra en su rostro más de lo que ella se da cuenta. En su opinión, Dios la defraudó. No la protegió, y ahora está en deuda con ella. Parte del problema es que Kathy aún no ha comprendido la naturaleza del pecado, no solo el de aquellos que le hicieron daño, sino también el suyo propio. El pecado solo se entiende correctamente cuando se confronta con la naturaleza santa y justa de Dios. A medida que Kathy adquiera mayor conocimiento de Dios, llegará a comprender que Dios no le debe nada a nadie, y que cualquier bien que recibimos (o mal del que nos libramos) es un regalo de la misericordia de Dios.

Puesto que el sentido de identidad de Kathy está arraigado al trauma de sus primeros años, sin darse cuenta está afectando negativamente su vida y sus relaciones presentes. Si le preguntaras por sus numerosos cambios de trabajo, te hablaría de jefes excesivamente controladores y exigentes de su tiempo. Si le preguntaras por la lista de amistades perdidas, te hablaría de personas egoístas a quienes no les interesa escuchar al otro. Kathy no se da cuenta de que su ira no resuelta y su falta de voluntad de dejar el pasado atrás le roban la motivación para asumir las responsabilidades de la edad adulta, y la llevan a exigir mimos y muestras de conmiseración infinitas a amistades que inevitablemente se terminan.

## Discierne

Mientras escribo este libro, predomina en los informativos nacionales la noticia de otro tiroteo en una escuela, pero el centro de atención de los informativos no son las personas que perdieron la vida, sino el análisis de la razón que pudo haber tenido el tirador para llevar a cabo semejante matanza. Además de los argumentos a favor y en contra del control de armas, está todo el debate sobre las enfermedades mentales sumado al escrutinio de los antecedentes del tirador. ¿Tiene la culpa el entorno en el que creció? ¿Sus padres fueron cariñosos con él? ¿Sufrió de acoso en la escuela? La gente está desesperada por encontrar respuestas, alguna forma cuantificable de explicar el asesinato en masa. Sin duda, alguien capaz de disparar descaradamente a una multitud de adolescentes debe ser víctima de algo o de alguien. Cualquier respuesta es buena, siempre que no sea el pecado.

No quiero imitar a ciertos evangélicos que atribuyen todos los desastres naturales a la corrupción de la sociedad; pero detrás de sus palabras, a menudo desacertadas, hay algo de verdad: en el fondo, todas las cosas malas de este mundo ocurren a causa del pecado. El tirador de la escuela no mató porque tuvo malos padres o porque sufrió el ridículo frente a sus compañeros. Su acción malvada no fue culpa del FBI, de consejeros deficientes o de malas leyes sobre las armas. Los padres, las instituciones y las escuelas pueden y deben desempeñar la función de mantener a salvo a nuestros hijos, pero el tirador mató a más de una docena de niños por una sencilla razón: eligió matarlos.

## ¿Qué pasa con la adicción?

La creencia de que no somos responsables de nuestras elecciones pecaminosas, sino víctimas de ellas, quedó firmemente establecida cuando los programas de recuperación de adicciones de los doce pasos comenzaron a proliferar en nuestras comunidades e iglesias. Hoy día existen programas de doce pasos para cada adicción concebible. Un movimiento que comenzó con Alcohólicos Anónimos (AA) en 1939 ahora incluye Desordenados Anónimos, Emocionales Anónimos, Comedores Compulsivos Anónimos, Adictos al Sexo Anónimos y De Bajos Ingresos Anónimos. Si bien no cabe duda de que estos programas bien intencionados han ayudado a decenas de miles de personas a manejar sus conductas adictivas, a menudo se pasa por alto el componente más decisivo para una verdadera recuperación: el reconocimiento del pecado.[2] Un principio fundamental de la filosofía de los doce pasos es admitir la impotencia sobre una sustancia o un comportamiento adictivo, pero el pecado mismo no se menciona en ninguno de los doce pasos. En cambio, se requiere que los participantes se identifiquen con el comportamiento controlador: "Soy Carla y soy alcohólica". Como resultado, Carla llega a

---

2. Celebrate Recovery se estableció en 1991 en un esfuerzo por aportar un énfasis más bíblico al proceso de recuperación de los doce pasos. Ver el sitio web de Celebrate Recovery, consultado el 22 de febrero de 2018, http://www.celebraterecovery.com/.

definirse a sí misma por su adicción a la bebida. Combina esto con el primero de los doce pasos: "Admitimos que éramos impotentes ante el alcohol y que nuestras vidas se habían vuelto ingobernables", y Carla termina por verse a sí misma como una víctima del alcohol. En conjunto, podemos entender por qué muchos consideran que la adicción es una enfermedad, pero tal perspectiva no resiste el escrutinio bíblico.

En primer lugar, la enfermedad no está prohibida en las Escrituras, pero la embriaguez sí.

En segundo lugar, las características de la adicción identificadas en los programas de los doce pasos son comparables a cómo las Escrituras describen la esclavitud al pecado. El primer paso de AA declara: "Admitimos que éramos impotentes ante el alcohol y que nuestras vidas se habían vuelto ingobernables". La Palabra de Dios lo declara de esta manera:

¿Para quién será el ay? ¿Para quién el dolor? ¿Para quién las rencillas?
¿Para quién las quejas? ¿Para quién las heridas en balde?
¿Para quién lo amoratado de los ojos?
Para los que se detienen mucho en el vino,
Para los que van buscando la mistura.
No mires al vino cuando rojea,
Cuando resplandece su color en la copa.
Se entra suavemente;
Mas al fin como serpiente morderá,
Y como áspid dará dolor.
Tus ojos mirarán cosas extrañas,
Y tu corazón hablará perversidades.
Serás como el que yace en medio del mar,
O como el que está en la punta de un mastelero.
Y dirás: Me hirieron, mas no me dolió;
Me azotaron, mas no lo sentí;
Cuando despertare, aún lo volveré a buscar (Pr. 23:29-35).

Tanto la literatura de AA como las Escrituras exponen la impotencia que acompaña a la adicción, pero solo las Escrituras revelan su verdadera naturaleza. El libro de Proverbios, que contiene esa vívida descripción del alcoholismo avanzado, se escribió para instruir al pueblo de Dios sobre cómo vivir sabiamente y evitar la insensatez. La ilustración pretendía educar a los jóvenes sobre lo insensato de beber en exceso. Se trataba, como decimos hoy, de un momento de enseñanza, lo que queda claro por la instrucción que incluye el autor: "*No mires* al vino cuando rojea, cuando resplandece su color en la copa".

Según el apóstol Pedro, las personas se embriagan porque *es lo que les agrada*:

> Baste ya el tiempo pasado para haber hecho *lo que agrada* a los gentiles, andando en lascivias, concupiscencias, embriagueces, orgías, disipación y abominables idolatrías (1 P. 4:3).

Sin embargo, con el tiempo, el deseo de escapar de las consecuencias empieza a competir con el deseo de beber, lo cual hace que el bebedor se sienta atrapado en la adicción. Pedro lo expresa de esta manera: "El que es vencido por alguno es hecho esclavo del que lo venció" (2 P. 2:19).

## Una trayectoria hacia adelante

Otra creencia que puede encerrarnos en una identidad de víctima no surge de nuestro propio pecado, sino de los pecados que otros cometieron contra nosotras. Muchos sostienen que no podemos vivir bien en el presente ni planificar el futuro hasta que hayamos vuelto atrás y nos hayamos ocupado exhaustivamente del dolor del pasado. Aunque algunos consejeros están abandonando esta creencia, ha prevalecido entre muchos desde hace décadas. El resultado es un gran número de personas heridas que creen que no pueden funcionar con normalidad a menos, o hasta, que puedan volver atrás en el tiempo y abordar lo sucedido. Sin embargo, esto también va en contra de las Escrituras, cuya trayectoria siempre es hacia adelante. Desde Génesis hasta Apocalipsis, se nos muestra que la vida en Cristo nos dirige hacia el futuro, no hacia el pasado, y que Jesús mismo estableció este patrón para nuestra vida:

> Por tanto, nosotros también, teniendo en derredor nuestro tan grande nube de testigos, despojémonos de todo peso y del pecado que nos asedia, y corramos con paciencia la carrera que tenemos por delante, puestos los ojos en Jesús, el autor y consumador de la fe, el cual por el gozo puesto delante de él sufrió la cruz, menospreciando el oprobio, y se sentó a la diestra del trono de Dios (He. 12:1-2).

## Florece

Un hábito que nos esclaviza o el daño que otros nos han hecho (cualquiera que sea la fuente de nuestro dolor) nunca se sana con restar importancia o ignorar el pecado que hay detrás. Tratar de eliminar el hecho real del pecado perjudica más que ayuda, y nos deja cada vez más desesperanzadas. Y dondequiera que se menoscaba la presencia del pecado, está destinada a prosperar una mentalidad de víctima.

Piensa por un minuto en Kathy. Ella entiende los fundamentos del evangelio (que Cristo pagó por sus pecados y que ahora tiene un Padre perfecto en el cielo), y eso la ha ayudado a perdonar a sus padres por haber participado en el maltrato que sufrió. Aun así, Kathy lucha contra la amargura, porque no comprende que la antigua Kathy ha desaparecido, al igual que el poder del pasado que antes la definía. Desde el momento en que se unió por la fe a Cristo, comenzó un proceso en el que el Espíritu está transformando su anterior sufrimiento en algo digno de alabanza. A medida que conozca más a su Salvador, comprenderá mejor lo que significa su salvación:

> El Espíritu de Jehová el Señor está sobre mí, porque me ungió Jehová; me ha enviado a predicar buenas nuevas a los abatidos, a vendar a los quebrantados de corazón, a publicar libertad a los cautivos, y a los presos apertura de la cárcel; a proclamar el año de la buena voluntad de Jehová, y el día de venganza del Dios nuestro;

a consolar a todos los enlutados; a ordenar que a los afligidos de
Sion se les dé gloria en lugar de ceniza, óleo de gozo en lugar de
luto, manto de alegría en lugar del espíritu angustiado; y serán
llamados árboles de justicia, plantío de Jehová, para gloria suya
(Is. 61:1-3).

## Una nueva identidad

Todas somos víctimas de algo, pero cuando permitimos que el
trauma causado por la vida en un mundo caído, incluido nuestro
propio pecado, nos defina, no podemos comprender que nuestra
identidad está en Cristo, que nuestra identidad es Cristo. Cuando
nos unimos por la fe a Cristo, Él se convierte en nuestra identidad, y
podemos declarar como Pablo: "Con Cristo estoy juntamente crucificado, y ya no vivo yo, mas vive Cristo en mí" (Gá. 2:20). De modo
que desaparece para siempre la necesidad de presentarnos ante un
grupo de recuperación de los doce pasos y definirnos públicamente
por el pecado que nos asedia. "Soy Carla, y soy alcohólica" se ha
convertido en "Soy Carla, y aunque lucho por no beber demasiado,
tarde o temprano la lucha terminará, porque soy hija del Dios vivo".

*Todas somos víctimas de algo, pero
cuando permitimos que el trauma
causado por la vida en un mundo caído…
nos defina, no podemos comprender que
nuestra identidad está en Cristo.*

También nos mantenemos esclavas de una identidad de víctima si
creemos en el consejo de que la paz y una vida fructífera nos eludirán
si no buscamos a fondo entre el dolor del pasado. Este consejo va en
contra de la esencia de las Escrituras, que, como ya hemos señalado,

dirigen nuestra atención hacia delante y no hacia atrás. En lugar de eso, sigamos el ejemplo de Pablo y prestemos atención a su consejo:

> Hermanos, yo mismo no pretendo haberlo ya alcanzado; pero una cosa hago: olvidando ciertamente lo que queda atrás, y extendiéndome a lo que está delante, prosigo a la meta, al premio del supremo llamamiento de Dios en Cristo Jesús. Así que, todos los que somos perfectos, esto mismo sintamos; y si otra cosa sentís, esto también os lo revelará Dios. Pero en aquello a que hemos llegado, sigamos una misma regla, sintamos una misma cosa (Fil. 3:13-16).

Para los que estamos en Cristo, cada día nos convertimos en lo que ya somos, y todo lo que nos espera es glorioso.

## El sufrimiento de Jesús

Comprender la magnitud del pecado (tanto el nuestro como el de los demás) es vital para salir de traumas del pasado y florecer como discípulas de Cristo. Una forma de fortalecer nuestra comprensión del pecado es darnos cuenta de que Jesús mismo fue víctima del pecado, y nosotras somos las que lo victimizamos. Todo pecado merece la muerte, y Cristo la experimentó al máximo en la cruz, pero la horrenda muerte que sufrió fue por nuestro pecado, no por el suyo.

Si no comprendemos esto, es probable que nos volvamos personas amargadas, irascibles, deprimidas, agobiadas o sencillamente desesperanzadas. En cambio, podemos florecer cuando comprendemos que Jesús se "hizo" víctima por nosotros. Cuando sus seres queridos lo despreciaron, se burlaron de Él y lo rechazaron, Él no se amargó. Cuando enfrentó el tormento de la cruz, no se hundió en la desesperación. Cuando se cansó de las interminables demandas de su tiempo y energía, no reclamó su espacio personal. Cuando vio a personas a las que amaba sufrir por los pecados de otros a los que amaba, no los increpó. En lugar de eso, oró. Buscó a su Padre celestial, perdonó, sanó, amó y se compungió.

Hace poco, una amiga me contó un angustioso incidente familiar ocurrido en su infancia, en el que presenció una acalorada discusión entre sus padres. La ira iba en aumento y las palabras subían de tono, pero mi amiga no podía intervenir. Al final, su madre se desplomó en el suelo exhausta, y en medio de un mar de lágrimas repetía: "¡Ojalá estuviera muerta!". Han pasado años desde ese incidente, pero mi amiga aún se duele por ese día, y describe sus sentimientos como una "profunda herida". Me impresionó que el pecado y sus efectos no solo hirieran a los pecadores implicados, sino también a los testigos del pecado. Es probable que todas hayamos recibido ese tipo de heridas, y quizá sea una muestra de lo que experimentó Jesús. Y seguramente, es una parte de por qué el Espíritu Santo se entristece por nuestros pecados (Ef. 4:30).

No importa lo que hayamos sufrido, es menos que el sufrimiento de nuestro Salvador:

Ciertamente llevó él nuestras enfermedades, y sufrió nuestros dolores; y nosotros le tuvimos por azotado, por herido de Dios y abatido. Mas él herido fue por nuestras rebeliones, molido por nuestros pecados; el castigo de nuestra paz fue sobre él, y por su llaga fuimos nosotros curados (Is. 53:4-5).

Abandonar la identidad de víctima no significa negar lo que nos ha ocurrido. La victimización es muy real y deja cicatrices; pero pueden ser solo eso: cicatrices. El tejido cicatricial está presente, pero ya no es una herida que necesite atención constante. Aprendemos a vivir con esa cicatriz, y a menudo descubrimos que se convierte en un testimonio de la fidelidad de Dios. Lo mismo puede suceder con las cicatrices de nuestros pecados. Y no importa lo que hayamos sufrido, lo mejor está aún por venir.

* * * * * * * * * *

*Abandonar la identidad de víctima no significa negar lo que nos ha ocurrido.*

* * * * * * * * * *

Y yo Juan vi la santa ciudad, la nueva Jerusalén, descender del cielo, de Dios, dispuesta como una esposa ataviada para su marido. Y oí una gran voz del cielo que decía: He aquí el tabernáculo de Dios con los hombres, y él morará con ellos; y ellos serán su pueblo, y Dios mismo estará con ellos como su Dios. Enjugará Dios toda lágrima de los ojos de ellos; y ya no habrá muerte, ni habrá más llanto, ni clamor, ni dolor; porque las primeras cosas pasaron.

Y el que estaba sentado en el trono dijo: He aquí, yo hago nuevas todas las cosas. Y me dijo: Escribe; porque estas palabras son fieles y verdaderas (Ap. 21:2-5).

# CULTIVA TU VIDA
## UNA GUÍA DE ESTUDIO DE TREINTA DÍAS

Si quieres profundizar en el amor de Cristo que te libera de una vida enfocada en ti misma, esta guía de estudio de treinta días es un buen punto de partida. Hay cinco días de preguntas de estudio para cada uno de los seis capítulos de *Florece*.

La guía de estudio ha sido diseñada tanto para el uso individual como para el estudio en grupo. Si decides hacerlo por tu cuenta, puedes dedicar cinco días a leer y sumergirte en la sección correspondiente del capítulo en la guía de estudio. O puede que te resulte más útil leer todo el capítulo antes de empezar con el estudio. No hay una forma correcta o incorrecta de hacerlo. Haz lo que mejor te funcione.

Lo ideal es que los grupos se reúnan una vez a la semana para cubrir los cinco días de la guía de estudio para cada capítulo. Así, por ejemplo, todos los miembros del grupo leerán el capítulo 1 y completarán individualmente la parte correspondiente de la guía de estudio, y luego se reunirán para debatir al respecto. No obstante, aunque no completen la guía de estudio antes de la reunión y, en cambio, repasen las preguntas juntas, leer el capítulo antes de reunirse es la manera de aprovechar al máximo el tiempo en grupo y fomentar un debate profundo.

# SEMANA 1

## Libre de lo que piensan los demás de ti

## Día 1

Tómate unos minutos para revisar qué huella dejas en las redes sociales.

¿Qué temas surgen de las publicaciones y las imágenes que has subido durante el último año?

---

Al mirar atrás y ver tus selfis de Facebook o Instagram, ¿qué has estado buscando comunicar sobre ti?

---

¿La persona que has proyectado en las redes sociales coincide con tu verdadera persona? Si no, ¿en qué se diferencia?

---

## Día 2

Lee Efesios 2:1-10.

¿Qué revelan los versículos 1-3 como la fuerza impulsora en el corazón y la vida de los incrédulos?

_______________________________________________

_______________________________________________

_______________________________________________

¿Cómo describe Pablo, el autor de este pasaje, el estado espiritual de los incrédulos?

_______________________________________________

_______________________________________________

_______________________________________________

¿De qué manera el versículo 4 es el punto de inflexión en este pasaje?

_______________________________________________

_______________________________________________

_______________________________________________

Considera todos los verbos activos en este pasaje. ¿Qué acciones se atribuyen a los seres humanos y cuáles a Dios?

_______________________________________________

_______________________________________________

_______________________________________________

¿Qué atributos de Dios se revelan en el pasaje?

¿Qué revela este pasaje acerca de nuestra realidad espiritual presente como cristianos?

¿Con qué propósito hemos sido salvos?

¿Cómo define este pasaje nuestra identidad?

## Día 3

Repasa el día típico de Sofía (p. 19).

¿De qué manera eres como Sofía en el transcurso del día? ¿De qué manera eres diferente?

---

¿De qué manera es una prisión esta forma de vivir?

---

¿En qué áreas de tu vida ha influido en tus decisiones la pregunta: "¿Qué pensará la gente de mí?"? ¿Cómo te ha afectado esto a lo largo de los años?

---

¿Intentas mostrar una apariencia de tu persona o tu familia de tal manera de proyectar cierta imagen? Si es así, ¿cómo y qué esperas obtener?

---

¿Dónde sientes la presión frecuente de estar a la altura de las expectativas? ¿De dónde viene esa presión?

¿Qué dice Proverbios 29:25 sobre las respuestas que has dado aquí?

# Día 4

Lee 1 Timoteo 4:1-8.

¿Qué hacen algunas personas en estos últimos tiempos o últimos días, que las hace alejar del cristianismo?

¿Qué falsa enseñanza ha estado alejando a esas personas? ¿Por qué crees que esta enseñanza haría que algunas personas quisieran apartarse de la fe?

¿De qué manera refuta Pablo esta falsa enseñanza en los versículos 4-5?

¿Qué indicio en el versículo 6 nos permite saber que los cinco versículos anteriores son el contexto para entender correctamente los versículos 6-8?

Según el contexto, ¿cómo explicarías el significado del versículo 8 con tus propias palabras?

## Día 5

Lee Génesis 1:26-31.

¿Por qué Génesis 1:31 es una base inadecuada sobre la cual desarrollar los argumentos a favor de la autoestima?

¿Cómo puede la perspectiva actual de la importancia de la autoestima avivar nuestra lucha con la preocupación por lo que piensan los demás?

# SEMANA 2

## Libre de la superación personal

## Día 6

Lee Romanos 7:7-25. El apóstol explica aquí que los mandamientos de Dios, conocidos como "la ley", son buenos. Los mandamientos de Dios son gravosos por el pecado que hay en nuestro corazón, lo que nos provoca desagrado y falta de aceptación de los caminos de Dios.

¿De qué manera nos permite la ley ver nuestro pecado y qué provoca en nosotros? Ver los versículos 7, 8 y 13.

_______________________________________________

_______________________________________________

_______________________________________________

¿Qué sentido le encuentras a todo el pasaje al considerar tus propias experiencias de lo que Pablo describe en los versículos 15-20?

_______________________________________________

_______________________________________________

_______________________________________________

¿Qué nos enseña Romanos 7:7-25 sobre el poder de:

• el pecado

_______________________________________________

_______________________________________________

• los seres humanos

_______________________________________________

_______________________________________________

• Jesucristo

_______________________________________________

_______________________________________________

Tómate un momento para leer Romanos 5–8 en una sola sesión.

## Día 7

Repasa la cita de Don Matzat en la página 37. ¿Cómo sueles ver a Dios cuando se trata de los cambios de vida que te gustaría experimentar?

_______________________________________________

_______________________________________________

_______________________________________________

Una interpretación del cristianismo llamada "deísmo terapéutico moralista" se ha filtrado en muchas enseñanzas que escuchamos hoy (ver p. 39). ¿Puedes mencionar una ocasión específica en la que hayas sido testigo del pensamiento que hay detrás de esta interpretación? ¿Cómo ha afectado esta malinterpretación tu conocimiento y opinión de Dios?

---

---

---

---

---

## Día 8

Lee 2 Corintios 12:2-10. El apóstol Pablo, quien se refiere a sí mismo aquí en tercera persona ("Conozco a un *hombre*"), tuvo una experiencia especial de la presencia de Dios y revelaciones que nadie más conoce.

En la primera lectura, el discurso de Pablo sobre gloriarse a sí mismo puede parecer un poco confuso o contradictorio. Por un lado, está claro que detesta la idea de hacer alarde de sí mismo, por lo que se refiere a sí mismo en tercera persona. Por otro lado, quiere compartir su experiencia. ¿Qué crees que hay detrás tanto de su deseo de no gloriarse como de su necesidad de mencionar la experiencia a sus lectores? Para profundizar un poco más en la mentalidad de Pablo aquí, ver también 2 Corintios 11.

---

---

¿Por qué a Pablo le fue dado un aguijón en la carne, y cómo describe el aguijón? ¿Por qué crees que no se nos informa cuál era el verdadero aguijón?

¿Cuál fue la reacción inicial de Pablo a su aguijón?

¿Por qué el Señor no le quitó el aguijón a Pablo y qué aprendemos acerca de Cristo en la respuesta que le dio a Pablo?

¿Cómo afecta la respuesta del Señor a Pablo nuestra idea sobre la superación personal?

¿Por qué Pablo podía vivir contento con su aguijón y otras dificultades?

_________________________________________________

_________________________________________________

_________________________________________________

Nota las diferencias que hay entre la respuesta de Pablo a la adversidad y la respuesta de la autora del artículo en la página 40.

_________________________________________________

_________________________________________________

_________________________________________________

## Día 9

En el Antiguo Testamento, se compara a Israel con una vid que Dios sembró y cuidó con mucho esmero para que produjera buenos frutos y alimentara a todo el pueblo. Sin embargo, Israel rehusó estar bajo el cuidado del Labrador divino, de modo que con el tiempo Dios permitió que la vid creciera silvestre. Lee los siguientes pasajes y observa lo que salió mal:

Salmos 80:8-18:

_________________________________________________

_________________________________________________

Isaías 5:1-7:

_________________________________________________

_________________________________________________

Jeremías 2:20-22:

_______________________________________________

_______________________________________________

Lee Juan 15:1-5. ¿Cómo es que el fracaso de Israel como vid tiene sentido con lo que Jesús dice en Juan 15:1-5?

_______________________________________________

_______________________________________________

_______________________________________________

¿Qué significa "permanecer" en Jesús?

_______________________________________________

_______________________________________________

_______________________________________________

¿Qué quiso decir Jesús cuando señaló que nada podemos hacer separados de Él?

_______________________________________________

_______________________________________________

_______________________________________________

## Día 10

¿Qué nos enseñan los siguientes pasajes acerca de cómo nuestros pensamientos y opiniones determinan nuestros objetivos y prioridades?

Romanos 8:3-6:

Romanos 12:1-2:

Efesios 4:17-24:

Filipenses 2:1-7:

Colosenses 3:1-4:

Santiago 4:8:

1 Pedro 1:13-15:

___________________________________________________

___________________________________________________

# SEMANA 3

## Libre del autoanálisis

## Día 11

¿Cómo responderías a las tres preguntas que se plantean casi al comienzo del capítulo? No trates de dar las respuestas "correctas", sino las que realmente guían tu vida.

¿Quién soy?

_______________________________________________

_______________________________________________

_______________________________________________

¿Qué quiero?

_______________________________________________

_______________________________________________

_______________________________________________

¿Qué siento?

Piensa en Sandra y la conversación que tuvo con sus amigas. ¿El consejo de quién sigues tú y por qué es influyente en ti su punto de vista?

# Día 12

Lee las oraciones del apóstol Pablo en Efesios 1:15-23 y 3:14-19.

¿Por quién ora Pablo?

¿Qué peticiones específicas hace Pablo en cada oración?

¿Cómo suelen diferir tus oraciones con las de Pablo?

Si oraras como lo hace Pablo aquí, ¿qué tipo de respuestas podrías esperar para ti y para los demás?

## Día 13

Lee Éxodo 33:18-23, donde Moisés pide ver la gloria de Dios. La gloria de Dios es uno de sus principales atributos. La palabra hebrea para *gloria* significa "pesada" o "poderosa".

¿De qué manera la respuesta del Señor a la petición de Moisés revela la naturaleza poderosa de la gloria de Dios? Haz una lista de todos los aspectos que puedas identificar en el pasaje.

¿En qué se diferencia esta revelación sobre la gloria de Dios de lo que muchos piensan hoy día?

_______________________________________________

_______________________________________________

_______________________________________________

## Día 14

"Vanidad de vanidades, dijo el Predicador; vanidad de vanidades, todo es vanidad" (Ec. 1:2). El autor de Eclesiastés reflexiona en este libro sobre sus experiencias de vida. Mucho de lo que persiguió en su juventud resultó ser nada más que vanidad o futilidad. ¿Qué búsquedas registradas en los siguientes versículos con el tiempo resultaron ser vanidad?

Eclesiastés 2:11:

_______________________________________________

_______________________________________________

Eclesiastés 2:15:

_______________________________________________

_______________________________________________

Eclesiastés 2:18-19:

_______________________________________________

_______________________________________________

Eclesiastés 4:4:

Eclesiastés 4:8:

Eclesiastés 4:13-16:

Eclesiastés 5:10:

Eclesiastés 6:1-2:

Eclesiastés 6:10-11:

Eclesiastés 7:5-6:

Eclesiastés 8:10:

Eclesiastés 11:10:

## Día 15

Repasa los pasajes de la Biblia (pp. 59-61) que nos guían a hacer un autoanálisis piadoso.

En función de estos pasajes, ¿en qué se diferencia el autoanálisis piadoso de aquel que somos propensas a hacernos, tanto en cómo lo hacemos como a dónde nos conduce?

¿Qué pasajes hablaron a tu vida y por qué?

# SEMANA 4

## Libre de los excesos y la falta de moderación

### Día 16

Lee Lucas 17:24-37.

Mientras Jesús reflexiona sobre la historia del pueblo de Dios, habla de comer y beber, casarse y participar en actividades comerciales. ¿Por qué crees que Jesús describe estas actividades de manera negativa?

Lee Génesis 19:1-29 y explica por qué Jesús les dice a los discípulos que se acuerden de la esposa de Lot.

Jesús advierte en Lucas 17:33: "Todo el que procure salvar su vida, la perderá; y todo el que la pierda, la salvará". A la luz de la lección de la historia sobre Sodoma que se da aquí, ¿qué significa salvar tu vida y qué significa perderla?

¿Qué advertencia da Jesús en Lucas 17:33-37? ¿Qué tiene esto que ver con nuestro tema de los excesos y la falta de moderación?

## Día 17

Lee Santiago 1:1-8, 12-18.

¿Por qué no debemos despreciar las pruebas que Dios permite en nuestra vida?

¿Qué se nos promete en medio de una prueba? ¿Cuáles son las condiciones para recibirla?

El no confiar en Dios en tiempos difíciles nos hace inestables, lo que Santiago denomina "de doble ánimo" (v. 8). ¿Qué significa ser de doble ánimo?

Al considerar tus luchas con los excesos y la falta de moderación, ¿cómo podrías tener en cuenta la enseñanza de Santiago en los versículos 12-15?

¿De qué manera el exceso es un abuso por lo que leemos en los versículos 16-17? Ver también Juan 3:27.

## Día 18

Lee Efesios 4:11-16.

¿Qué pretende lograr el Señor en el cuerpo reunido del pueblo de Dios? Haz una lista de todos los aspectos del crecimiento espiritual que ves aquí.

---

¿De qué manera la enseñanza de Pablo aquí va en contra de la perspectiva actual sobre el autocuidado como medio para la salud y el crecimiento?

---

## Día 19

Lee Gálatas 5:16-24.

¿Qué marcado contraste hace Pablo en el versículo 16, y qué razón da en el versículo 17 para tal contraste?

---

Considera la lista de "obras de la carne" de los versículos 19-21 junto con el fruto del Espíritu enumerado en los versículos 22-23.

¿Qué hace que el primer conjunto de obras sea "de la carne"?

---

¿Por qué crees que las personas se sienten atraídas por las obras de la carne y qué producen?

__________________________________________________

__________________________________________________

__________________________________________________

¿Por qué crees que Pablo denomina la segunda lista "fruto del Espíritu"?

__________________________________________________

__________________________________________________

__________________________________________________

¿Cómo se produce este fruto en nuestra vida?

__________________________________________________

__________________________________________________

__________________________________________________

En su conjunto, ¿por qué las obras de la carne se consideran como excesos, pero no el fruto del Espíritu?

__________________________________________________

__________________________________________________

__________________________________________________

## Día 20

Lee Mateo 8:18-22.

¿Qué indica la respuesta de Jesús al escriba sobre el tipo de corazón necesario para el discipulado?

_______________________________________________

_______________________________________________

_______________________________________________

Las Escrituras sostienen la importancia de cuidar de los miembros de la familia (ver, por ejemplo, 1 Ti. 5:8), por ello sabemos que aquí Jesús no le está pidiendo al discípulo que deshonre a su padre. Entonces, ¿qué quiere decir Jesús?

_______________________________________________

_______________________________________________

_______________________________________________

¿Eres consciente de las gratificaciones particulares que te impiden crecer en tu fe? Si es así, ¿por qué te aferras a ellas?

_______________________________________________

_______________________________________________

_______________________________________________

Si el posible costo de seguir a Cristo te ha hecho temer, y ese temor habitualmente alimenta las soluciones rápidas, ¿cómo pueden ayudarte los siguientes pasajes?

Juan 10:7-10:

_______________________________________________

_______________________________________________

Efesios 1:16-18:

_______________________________________________

_______________________________________________

1 Timoteo 6:17:

_______________________________________________

_______________________________________________

# SEMANA 5

## Libre de la autocondena

## Día 21

¿Te sueles menospreciar? Si es así, ¿qué creencias hay detrás de tus palabras o pensamientos de autocondena?

## Día 22

Lee Romanos 8:31-39, donde Pablo resume todo lo que ha abordado anteriormente en la carta. Pablo hace una serie de preguntas retóricas al comenzar este pasaje de resumen. ¿Cómo responderías a cada una de las preguntas de Pablo? Escribe tus respuestas a continuación.

"Si Dios es por nosotros, ¿quién contra nosotros?" (v. 31).

"El que no escatimó ni a su propio Hijo, sino que lo entregó por todos nosotros, ¿cómo no nos dará también con él todas las cosas?" (v. 32).

---

"¿Quién acusará a los escogidos de Dios?" (v. 33).

---

"¿Quién es el que condenará?" (v. 34).

---

"¿Quién nos separará del amor de Cristo?" (v. 35).

---

## Día 23

¿Cómo define cada uno de los siguientes pasajes nuestro estado real en Cristo?

Isaías 61:10:

Lucas 15:11-24:

1 Corintios 6:9-11:

Efesios 5:25-27:

Tito 3:4-7:

Hebreos 10:19-23:

Apocalipsis 7:13-14:

## Día 24

Lee Lucas 7:36-50.

¿A quién se dirige Jesús en este pasaje, y qué quiere decir?

¿Por qué llora la mujer del pasaje?

¿Qué vínculo hace Jesús entre el amor y el perdón?

¿A qué atribuye Jesús la salvación de la mujer?

## Día 25

Lee 1 Juan 1:5-10.

¿Qué significa andar en tinieblas? Por el contrario, ¿cómo caminamos en la luz?

¿Qué vínculo establece Juan entre caminar en la luz y estar limpio de pecado? En vista de que somos salvos *solo por la fe*, ¿qué vínculo podemos deducir que Juan no está haciendo?

Juan señala que negar nuestra pecaminosidad es un indicador de que nos engañamos a nosotros mismos y no somos salvos. ¿Por qué es así?

La confesión de nuestros pecados no es la razón por la que somos perdonados; sino porque Cristo pagó por esos pecados. Entonces, ¿qué quiere decir Juan cuando escribe: "Si confesamos nuestros pecados, él es fiel y justo para perdonar nuestros pecados, y limpiarnos de toda maldad" (v. 9)? ¿Por qué Dios es fiel y justo al ofrecernos su perdón?

# SEMANA 6

## Libre de la mentalidad de víctima

### Día 26

Escribe tu propia definición de la palabra *víctima*. ¿Qué experiencias u observaciones han moldeado tu punto de vista?

### Día 27

Lee Romanos 6:3-19.

Una vez que hemos sido bautizados en la muerte y resurrección de Cristo, ¿cómo cambia fundamentalmente nuestra relación con el pecado?

¿Cómo estamos llamados a actuar según nuestra fe para vivir nuestra nueva realidad?

---

---

---

¿Qué se nos promete en el versículo 14?

---

---

---

Anota las formas específicas en que Romanos 6:3-19 revela que nuestra unión con Cristo ya no nos convierte en víctimas indefensas de los pecados y las adicciones que nos asedian.

---

---

---

## Día 28

Lee Hebreos 11:1–12:2.

¿De qué manera los "héroes de la fe" de Hebreos 11 serían clasificados hoy como víctimas? ¿Cómo manejaron sus dificultades y cuál fue el resultado para cada uno?

---

---

¿Qué dos cosas estamos llamados a dejar de lado en 12:1, y qué estamos llamados a perseguir? ¿Cómo puede este llamado librarnos de una vida con mentalidad de víctima?

¿De qué manera es Jesús nuestro principal ejemplo de cómo escapar de los daños que nos ha causado el pecado, ya sea el nuestro o el de otra persona?

## Día 29

Las Escrituras nos muestran que la trayectoria de la vida cristiana es hacia adelante y no hacia atrás. Anota cómo se evidencia esto en los siguientes pasajes:

Salmos 45:10-11:

1 Corintios 9:24:

Hebreos 11:8-10:

Filipenses 3:12-14, 20:

Santiago 1:12:

1 Juan 3:2-3:

Apocalipsis 21:1-4:

## Día 30

Lee Isaías 53:1-12, que es una profecía sobre la venida y la obra del Mesías.

Isaías profetiza acerca del maltrato que Jesús recibiría. Anota de cuántas formas Jesús fue victimizado, y de parte de quiénes.

_______________________________________________

_______________________________________________

_______________________________________________

_______________________________________________

¿Con qué propósito se convirtió Jesús en víctima?

_______________________________________________

_______________________________________________

_______________________________________________

¿En qué se diferencia la respuesta de Jesús a su maltrato de tu respuesta típica?

_______________________________________________

_______________________________________________

_______________________________________________

¿Por qué podemos decir que Jesús se "hizo" víctima por nosotros?

_______________________________________________

_______________________________________________

_______________________________________________

¿Cómo cambia este pasaje tu perspectiva sobre tu propio sufrimiento?

_______________________________________________

_______________________________________________

_______________________________________________

# ÍNDICE DE LAS ESCRITURAS

En *Mujeres sabias*, Lydia Brownback motiva a las mujeres de hoy a enfrentar los retos de la vida desde una perspectiva bíblica, a conocer mejor al propio Autor de la sabiduría y a poner en práctica los consejos más relevantes del libro de Proverbios.

En *De mujer a mujer*, Lydia Brownback nos presenta a veintitrés mujeres de la Biblia. Cada capítulo incluye información relevante sobre el contexto bíblico y cultural. Al abordar temas vitales como la fe, la amistad, el fracaso y el éxito, Lydia ofrece consejos sumamente prácticos para las mujeres de hoy.